Thomas Radebold

50 Jahre Fan -
Leben und Leiden
mit dem
MSV Duisburg

Buchcover : Das Foto zeigt die Vorder- u. Rückseite des aktuellen
Mannschaftstrikot in meinem 50. Jahr als Fan ,
natürlich in der Ausführung Fan-Edition .

Inhalt

Vorwort

Dies ist meine Geschichte mit und über den MSV Duisburg. Die Geschichte eines Fans , der im zehnten Lebensjahr aus Duisburg wegziehen „mußte" , 200 km entfernt von seinem Geburtsort .
Dem ein oder anderen mögen manche Geschichten bekannt vorkommen , manche mögen sich vielleicht über meine Hobbys , den MSV betreffend oder so manche Statistik wundern , manche mögen denken : Was ? Der hat in fünfzig Jahren gerade mal 320 MSV-Spiele in voller Länge gesehen und den größten Teil davon nicht mal im Stadion . Ja , so ist das , die Geschichten hier sind das, was ich in 50 Jahren MSV an Eindrücken , Bildern und Emotionen erlebt habe . Eben meine Geschichte , die um 1974 begann und jedem Ergebnis in diesen 50 Jahren habe ich entgegen gefiebert , mich gefreut , geärgert , gehofft , gebangt , gelitten , war stolz , enttäuscht und verärgert . Aber einmal MSV , immer MSV .

Wer ein typisches MSV Fan Buch mit vielen Erzählungen von Stadionbesuchen etc. erwartet , den muß ich leider enttäuschen und Sie können das Buch jetzt eigentlich schon aus der Hand legen . Auch kann ich in diesem Buch nicht viele Duisburger Stadtteilgeschichten erzählen . Zwar wurde ich in Hamborn als waschechtes Sonntagskind geboren und wuchs anschließend in Marxloh auf , aber andere Stadtteile lernte ich höchstens durch Besuche von Bekannten kennen . Und mit zehn war dann Schluß mit lustig . Würde ich heute noch in Duisburg oder zumindest in näherer Umgebung wohnen , hätte ich wenigstens eine MSV-Dauerkarte und bis heute wahrscheinlich eine vierstellige Anzahl an Livespielen vor Ort im heimischen Wedau-Stadion , oder seit dem

Neubau zwischen 2003 und 2004 in der Schauins-land-Reisen-Arena .

In dieser Beziehung bin ich eben kein klassischer Fußballfan und Stadionbesuche sind und waren bei mir eher die Ausnahme als die Regel . Aus verschiedenen Gründen . Leider gab es in unserer Familie und im näheren Umfeld viele schwerwiegende Krankheiten , mit zum Teil längeren Verläufen , sowie Schicksalsschläge , die den Fußball logischerweise in den Hintergrund treten ließen . Dazu kam Zeitmangel aus privaten und beruflichen Gründen und auch die Entfernung .

Für alle , die gerade weiter lesen , erzähle ich diese etwas andere Fangeschichte .

Einleitung

Wie fängt man ein solches Buch als absoluter Laie , was das Schreiben betrifft , aber auch als eingefleischter MSV Fan , an ?
Wie ein Märchen ? Es gibt ja Fußball Märchen , aber leider nicht im Bezug auf den MSV .
Das würde dann in etwa so klingen : Es war einmal in Duisburg , da begab sich an einem Sonntag Abend eine Frau in anderen Umständen mit Ihrem Mann in die Klinik , um einen wunderschönen Jungen das Leben zu schenken , der alsbald der Fußlümmelei fröhnte...hahaha, nein , das lassen wir lieber .
Wie ein Roman ? Die Geschichte begann im Jahr 1968 , als ein Kind an einem Sonntag Abend in der Montanstadt Duisburg das Licht der Welt erblickte . Auf schicksalhafte Weise wurde er für den Rest seines Lebens mit einem Spielverein verbündet . Dieser Verein ist beheimatet in Meiderich ...... klingt schon besser , aber immer noch nicht das Richtige .

Scince Fiction vielleicht ? Wir schreiben das Jahr 1968 , irgendwo in der Galaxie wird gerade ein kleiner Mensch geboren . Eine einzigartige und unbekannte Energie brachte ihn eines Tages mit einem Verein namens MSV Duisburg in Verbindung . Diese Energie war so stark , das er auch fünfzig Jahre später noch immer mit ihm verbunden ist …..vielleicht ein bisschen zu viel .

Also doch eher klassisch : Ich heiße Thomas Radebold , 1968 in Duisburg-Hamborn geboren , in zweiter Ehe verheiratet und habe 3 Kinder , aber eigentlich nichts mit schreiben am Hut .
Okay , das geht .
Zumindest wären wir jetzt schon mal beim Thema und das hat was mit meinem Geburtsort und meinem Herzensverein zu tun.
Es gibt viele Vereine in Duisburg , aber der wohl bekannteste ist der MSV Duisburg .
Zumindest seit 1967 heißt mein Verein so , als Gründungsmitglied der 1963 neu geschaffenen Fußball-Bundesliga , dort spielte man noch unter dem Namen Meidericher SV .
Infiziert mit dem MSV-Virus wurde ich irgendwann im Jahre 1974 , wahrscheinlich durch die Fußball-Weltmeisterschaft im eigenen Land . Ich begann , mich für Fußball zu interessieren. Als Vereinsmannschaft kam da nur ein Verein meines Geburtsortes Duisburg in Frage .
Logisch , oder ?
Immerhin war „mein" Verein im ersten Bundesligajahr Vizemeister geworden und spielte zu der Zeit auch immer noch erstklassig . Wie sollte ich ahnen , daß der größte Erfolg bis heute , nämlich die Vizemeisterschaft , bei meiner Geburt bereits gute vier Jahre zurück lag ?

Irgendwann im Sommer 2023 dachte ich viel über meinen Herzensverein nach , über die letzten Jahre , etwa ab dem Lizenzentzug im Jahr 2013 . Was war hier nur schief gelaufen seit dieser Zeit ? Der Gedanke kam , das uns auf dem Weg zurück nach oben , Corona einen dicken Strich durch die Rechnung gemacht hatte und danach gefühlt alles noch schlimmer wurde .
Ich erinnerte mich an viele schöne Dinge aber leider auch viel negatives .
Plötzlich wurde mir klar das es im Jahr 2024 soweit war , meine persönliche Goldene Hochzeit mit dem MSV Duisburg . Sage uns schreibe 50 Jahre erlebte Geschichte .

Da ich sehr viele Bücher über den MSV besitze , darunter auch einige von Fans für Fans geschriebene , reifte schon länger der Gedanke , meine Geschichten und Anekdoten zu Papier zu bringen und sei es nur für mich .

Dieser Gedanke ließ mich von da an nicht mehr los .
Irgendwann im Herbst/Winter 2023 setzte ich mich hin und begann erste Stichpunkte zu notieren , die ich nach und nach mit den Geschichten dazu vollendete.
Dann kam der Tag , als ich mich an den PC begab und anfing das ganze in „Form" zu bringen .

Eine Frage kam noch auf : Schreibe ich über die Hinrunde zu jedem Spiel noch etwas nach , oder beginne ich ab dem Zeitpunkt , als ich den Entschluss fasste dieses Buch zu schreiben ? Ich entschloss mich für letzteres und gehe daher nur in Kurzform auf die Geschehnisse vom Saisonstart bis zur Winterpause ein . Der Grund ist ganz einfach , ich konnte die Emotionen zu den Spielen , die ich übrigens alle live im Fernsehen verfolgte , nicht mehr so abrufen , wie ich sie erlebt hatte .

Ach ja , eine Anmerkung noch zum Buchtitel . Sicher gibt es schönere und besser klingende Titel wie diesen , aber mit dem Anpfiff zu jedem neuen Spiel , mit jedem neuen Tiefschlag , jeder neuen Hiobsbotschaft , leide ich mit dem MSV . Aber immer bin ich mit ganzem Herzen bei unserem Verein dem **MSV Duisburg** .
Auch können manche Themen oder Aussagen mehrfach vorkommen , dann aber in einem anderen Zusammenhang .

MSV Duisburg – Mein Verein
(Ein paar Zahlen im Allgemeinen)

Gründung des Vereins : Im April 1902 trafen sich ein paar Jungen höherer Duisburger und Meidericher Schulen und vom Turnverein von 1880 um den Turnern das neuartige Spiel der „Fußlümmelei" näher zu bringen .

02.06.1902 : Erstes loses Treffen .
28.09.1902 : Mitglied im Rheinisch-Westfälischen
Spielverband

Erster Aufstieg Saison 1904/05 von Spielklasse C in Spielklasse B .
Aufstieg 1909/10 von Spielklasse B in Spielklasse A .

1921 wurde das „Wedau-Stadion" errichtet , 1926 wurde es feste Spielstätte des MSV .

Bis in die 50er und Anfang der 60er Jahre spielte man in verschiedenen Bezirksklassen , Kreis- und Gauligen und konnte sich 1928/29 bis ins Finale der West-deutschen Meisterschaft (1:2 gegen Schalke 04) spielen und erreichte im gleichen Spieljahr die Endrunde um die

Deutsche Meisterschaft , dort unterlag man in Duisburg dem Hamburger SV in der Vorrunde mit 2:3 .

Von 1949 bis 1951 und in der Saison 1955/56 spielte man in der 2.Liga West und von 1951 bis 1955 und von 1956 bis 1963 in der Oberliga West .

Schließlich konnte man sich in einem Auswahlkriterium des DFB von 1962 (Alem.Aachen und der MSV „stritten" sich um einen der begehrten Plätze in der Bundesliga) , 1963 im vorletzten Spiel der Saison mit 2:1 bei Hamborn 07 durchsetzen . Mit diesem Sieg sicherte man sich die Teilnahme an der neu gegründeten Fußball-Bundesliga .

Jahrhunderelf

M. Manglitz

A. Nijhuis   D. Danzberg   B. Dietz   M. Bella

H. Heidemann   K. Jara   W. Krämer

K. Hetzel   R. Worm   R. Seliger

Trainer : R. Gutendorf

Los geht's – Meine Geschichte

Duisburg ! Ausgerechnet Duisburg ?
Im Nachgang betrachtet , ist das eine Gnade gewesen oder einfach eine doofe Laune der Natur ?
Mein Vater hatte vier Brüder,einer lebte in Dortmund (!), einer in Braunschweig (?) und zwei in Ost Berlin . Meine Mutter hatte zwei Brüder , beide Ost Berlin und eine Schwester , ebenfalls wohnhaft in Duisburg . Insofern sind die Orte wichtig , denn mit keinem der Geschwister meiner Eltern hätte ich tauschen wollen , außer natürlich mit der Duisburger Tante .
Ich erblickte im Jahre 1968 das Licht der Welt in Duisburg-Hamborn und wuchs bis zum zehnten Lebensjahr und den damit verbundenen Umzug ins 200 km entfernte Hessen,in Duisburg-Marxloh in der Rolfstraße auf, unweit des Pollman Ecks und ganz nah am Rotascheplatz an der Grillostraße . Auch das große Thyssenwerk in der Kaiser-Willhelm-Straße lag nur knapp 500 Meter entfernt . Ein Umstand der zusammen mit einem fußballgroßen Schimmelfleck im elterlichen Schlafzimmer , welches auch mein Kinderbett beherbergte , dazu führte , das ich als Kind an schwerem Asthma litt .
Mit sechs oder sieben Jahren sollte ich mal aus einem Struwwelpeterbuch vorlesen . Nach drei Worten konnte ich nur noch nach Luft japsen . Eine Tatsache die mich öfters zum Kinderarzt brachte , wo ich dann eine Zeit lang mit Sauerstoffmaske verbrachte . Außerdem wurde mir eine sechswöchige Kur auf Sylt verordnet . Das war 1974 . Eine ganz schlimme Zeit für mich , ich kam kränker nach Hause , als ich dort hin fuhr . Näher möchte ich gar nicht darauf eingehen . Das schönste Erlebnis war ein Fußballspiel diverser Kinder . Ich gehörte eher zu den jüngeren ,kleineren und schmächtigeren in diesem Spiel .

11

Aber mir gelang der 2:1 Siegtreffer für unser Team und so war ich für ein paar Minuten der Held auf dem Platz . Außerdem machte ich im Wellenbad in Westerland mein Seepferdchen .

Erste Erinnerungen liegen im Bereich des Besuchs des Kindergartens neben dem Horten in Marxloh. Anfangs wollte ich dort nicht freiwillig hingehen und so verkündete ich im zarten Alter von etwa vier Jahren „doch lieber gleich in Rente zu gehen" . Am ersten Tag musste die Kindergärtnerin einiges aushalten. Meine Mutter brachte mich dorthin ,doch als Sie gehen wollte, erwartete ich Sie bereits am Kindergartentor.Niemand hatte mitbekommen wie ich mich davon stahl . Anschließend versuchte die Kindergärtnerin , Frau Müller , mich zu beruhigen , die Quittung waren zwei von blauen Flecken übersäte Schienbeine am nächste Tag . Sie hatte sich hinter mich auf einen Stuhl gesetzt und gehalten , doch ich trat nur nach hinten aus .

In der Freizeit begann man mit dem Fußballspielen, zunächst wurde auf der Straße gepölt , später kletterten wir über den Zaun an der Grillostraße um auf einem richtigen Fußballplatz , wenn auch Rotasche , Bolzen zu können oder uns mit Jacken Tore abzustecken um dann auf der Wiese neben dem Platz zu kicken. Viele Kinder aus der Nachbarschaft , der Oscar von der Grillostraße oder der Peter von der Kaiser-Wilhelm-Straße . Waren wir nur zu zweit , was auch mal vorkam , wurden ganze Nachmittage damit verbracht , das einer im Tor stand und der andere schoss aus verschiedenen Positionen vom 16er . Nach einer gewissen Zeit wurde dann gewechselt . In Gedanken spielte ich dann natürlich als Ronnie Worm . Erzielte ich ein Tor , sprach ich in Gedanken wie in den Radioreportagen : Langer Ball von Dietz auf Seliger , der flankt und Worm steht goldrichtig und kann das 2:1 für den MSV erzielen. Immer waren wir angespannt ob und wann der Platzwart auftauchte. Dann hieß es Beine in die Hand zu nehmen und ab über den Zaun , meistens hatten wir jedoch unsere Ruhe und konnten so stundenlang unserer allerliebsten Freizeitbeschäftigung frönen.

Unsere Ferien und Wochenenden verbrachten wir von den Oster– bis zu den Herbstferien meistens auf einem Campingplatz am Wisseler See mit direkten Blick auf den schnellen Brüter in Kalkar, den ich mit Vater und Braun-schweiger Onkel besuchte . Dabei konnten wir uns sogar die "Kommandozentrale" angucken .
Dort am See besaßen wir einen kleinen Wohnwagen mit Vorzelt, der auf einer Sechser Parzelle unweit des Wassers stand. Die Parzelle hieß „Drosselwiese" . Herrlich waren dort die Zeiten. Abseits der Großstadt verbrachten wir Kinder eine unbeschwerte Zeit. Dort kam ich auch das erste Mal mit einer Art Vereinsfußball in Berührung. Es gab für Kinder eine Campingmannschaft und der Platz besaß ein Rasenspielfeld . Ab und an fanden dann Spiele statt. Keine Ahnung mehr ob es sich bei den Gegnern um Kinder vom Platz handelte oder Mannschaften der Orte aus dem Umkreis? Einmal stand ein Spiel an und ich hatte meine heißgeliebten neuen Fußballschuhe zu Hause vergessen. Mein Vater weigerte sich standhaft die lange Fahrt nach Duisburg auf sich zu nehmen (Autobahn gab es zu der Zeit dort noch nicht) , um meine Schuhe zu holen. Auch Tränen halfen nicht. Ich war untröstlich, musste dann mit roten Cordschuhen spielen die aus der Menge der spielenden Kinder herausstach. Als Beweis hielt mein Vater alles auf Super 8 fest , was bei späteren Vorführungen der Filme immer zu heiterem Gelächter führte . Nur nicht bei mir .

Ansonsten wurde im Sommer oft das Freibad im Schwelgernpark aufgesucht . Natürlich wurde auch dort mit dem Fußball gespielt , aber wenn es besonders heiß war , doch lieber das kühle Nass aufgesucht .

Eingeschult wurde ich 1974 in der Grundschule in der Gertrudenstraße in Marxloh . Die Schule war fußläufig zu erreichen . Oftmals musste man genug Zeit für den Weg einplanen , denn er lag an der Bahnstrecke zum und vom Thyssenwerk . So stand man öfter Minutenlang am geschlossenen Bahnübergang und zählte die Waggons der gefühlt nicht enden wollenden Güterzugschlange . 60 , 70 , 80 Waggons im Schneckentempo zogen an einem vorbei . Außerdem lag noch der Tante Emma Laden vom alten Löper auf dem Weg und sein ockerfarbener VW K 70 stand immer vor dem Eingang . Kurz vor der Schule gab es noch eine nette , kleine , alte, weißhaarige Dame , die einen kleinen Kiosk betrieb . Der musste allerdings genug abwerfen , denn die Dame fuhr einen schwarzen Ponton Mercedes . Dort gönnte ich mir öfter einen Kakao und ein Käsebrötchen .
Meine Klassenlehrerin war die Frau Lohmann , mit Vornamen Doris . Meine erste große Liebe . Jeden Mittag nach Schulschluss wartete ich an der großen Treppe im Schulgebäude auf Sie und verabschiedete mich mit einem Handkuss von Ihr . Sie war eine junge und sehr hübsche Lehrerin . Untröstlich war ich , als Sie heiratete und fortan den Namen Rissel-Lohmann trug , oder war es umgekehrt ? Ansonsten wäre noch zur Grundschulzeit erwähnt , das wir in den Pausen oft Fußball spielten und natürlich die Ausflüge an St.Martin . Mit dem Bus ging es dann gegen Abend irgendwo an ein Schlossähnliches Anwesen , etwas außerhalb , wo uns die Geschichte von St. Martin hoch zu Ross zu Teil wurde und wir uns anschließend unsere Pfeifenmännchen abholen konnten .

14

Die Illumination mit gefühlt hunderter brennender Fackeln ist mir bild- und lebhaft in Erinnerung geblieben , leider nicht der Ort des Geschehens .

1974 trat so langsam der MSV in mein Leben . Natürlich hatte ich auch vorher schon von **dem** Fußballverein der Stadt gehört , dem MSV . Aber auch Hamborn 07 war mir ein Begriff. Man schaute samstags die Sportschau oder hörte in den Nachrichten die Bundesligaergebnisse und dabei kam immer auch Duisburg vor. Dazu fand die Fußball- Weltmeisterschaft 1974 in Deutschland statt .

Für mich war immer schon ein Stück Heimatverbundenheit wichtig, deshalb hätte ich mir nie vorstellen können einem anderen Verein als dem MSV die Daumen zu drücken. Ich verstehe bis heute nicht wie jemand in der Nähe eines Vereins wohnen oder leben kann, sagen wir Duisburg, aber dann einem anderen Verein als den MSV bevorzugt. Seit 45 Jahren lebe ich nun in Hessen. Meine Interessen außerhalb des MSV liegen unter anderem auf Motorsport und Basketball. Ich lebe circa 40 km von Gießen entfernt. Als ich nun anfing mich für den Basketballsport zu interessieren, wäre es ein leichtes gewesen mich für das damalige Top Team Alba Berlin zu entscheiden, aber meine Heimatverbundenheit ließ nur eine Mannschaft zu, die Gießen 46ers, damals noch unter Avitos Gießen bekannt.
Soweit so gut.
Der Berichterstattung über den MSV folgte meiner vagen Erinnerung nach bald ein Live Spiel im Fernsehen, es könnte aber auch eine Zusammenfassung des Spiels gewesen sein , irgendwann Abends in der Woche und ich musste all meine Überzeugungskraft aufbringen es gucken zu dürfen , da eigentlich gegen 20 Uhr meine Bettgehzeit anstand. Es muss 1975 gewesen sein und ein

UEFA-Pokalspiel. Ich weiß weder den Gegner (vermutlich Levskia Sofia?) noch das Ergebnis (dann 3:2) , weiß nur das mich das Spiel schwer beeindruckt hatte . Und ein Vorteil war , das Spiel fand während der Herbstferien statt . Ansonsten hätte ich wohl eher schlechte Karten gehabt .

In etwa diese Zeit fällt auch ein Gewinnspiel der Duisburger Sparkasse, bei dem ich gewann, wie einige andere auch. Es folgte im Rahmen des Gewinns eine Einladung in die Sportschule Wedau. Zu der Zeit bestanden meine Idole ausschließlich aus Stürmern, so einer wollte ich auch werden. Meine Vorstellung war, das nur diese Art Spieler die Tore schossen für den Erfolg der Mannschaft verantwortlich zeichneten. Und natürlich hatte ich vom kommenden Starstürmer der Zebras, Ronald "Ronnie" Worm gehört und auch schon Bilder von ihm gesehen. Auch als Bub darf man sagen, der Junge sah gut aus mit seiner "Matte". So wollte ich auch sein. Leider hat es nur zum Linksaußen in der Jugend gereicht und das mit sehr bescheidenem Talent und Erfolg. Dafür hatte ich aber zumindest die langen Haare .

Ein Umstand , der öfters bei meinem Gegenüber die Frage aufwarf , ob es sich bei mir um einen Jungen oder ein Mädchen handele .

Also ging es eines Tages mit meiner Mutter auf zur Wedau in die dortige Sportschule. Viele Leute waren da versammelt und als dann irgendwann die Veranstaltung begann und Ruhe einkehrte, glaubte ich meinen Augen nicht zu trauen. Da betrat doch tatsächlich dieser junge Duisburger Wunderstürmer namens Worm die Bühne. Der Höhepunkt sollte aber erst noch folgen. Irgendwann wurde mein Name aufgerufen und ich begab mich zur Bühne. Und wer schüttelte mir die Hand und übergab mir meinen Gewinn , ein Federballset , dazu eine persönliche Autogrammkarte ?

16

Richtig! RONNIE WORM. Ich wollte danach nie wieder meine rechte Hand waschen. Es blieb ein Wunschtraum. Aber dieses Erlebnis war so prägend und ist auch heute noch vor meinem inneren Auge so präsent als wäre es gestern oder maximal vorgestern gewesen.

RONALD WORM

Die Autogrammkarte von Ronnie Worm

1977 gab es dann so eine Art Ferienpass der Stadt Duisburg. Man bekam so einen kleinen Block mit diversen Eintrittskarten zum ab- bzw. ausreißen. Die Karten waren farbig , daran erinnere ich mich noch. Gelb, blau, grün... Ich schaute den Block durch und sah Eintrittskarten für den MSV, Intertoto Cup, gegen Tel Aviv, Standard Lüttich und Twente Enschede. Ich glaube sogar , die Karten für die entsprechenden Auswärtsspiele waren auch dabei. Trotzdem hatte ich ein Problem. Niemand in unserer Familie interessierte sich wirklich für Fußball , weder meine Eltern noch meine Schwestern.

17

Mein Vater war mal mit meinem Onkel aus Dortmund im Stadion in dieser Stadt. Eine Anekdote auf manch einer Familienfeier. Sie standen irgendwo auf der Tribüne und mein Vater bekam dann eine leere Wurstpappe mit Senf in den Nacken , dazu eine Bierdusche . Er hat nie wieder ein Stadion betreten.

Generell stand der Fußball in unserer Familie , mich ausgenommen , nicht hoch im Kurs .

Hier mal ein paar Anekdoten :

Erstmal kam mir irgendwann der Gedanke , wo ist eigentlich Meiderich ? Eine Frage , die mir von meinen Eltern lapidar mit „Ein Stadtteil von Duisburg" beantwortet wurde . Da kam aber auch niemand auf die Idee mit mir mal zur Westender zu fahren . Dieses Kapitel konnte ich erst abschließen , als ich so Anfang der 90er Jahre zum ersten mal den Fanshop besuchte . Natürlich nahm ich dabei auch das Trainingsgelände in Augenschein .

Ich wollte gerne eines Tages ein MSV Trikot haben . Keine Ahnung mehr ob es in der Nähe ein Sportgeschäft gab , jedenfalls führte unser Weg immer wieder in die Sportabteilung im Horten in Marxloh . Nur gab es dort nie ein MSV Trikot , so oft wir auch danach fragten .
An jedem Sportgeschäft , das irgendwo auf dem Weg lag, wurde die Nase am Schaufenster plattgedrückt . Von irgendwelchen Sachen vom MSV in weißblau war jedoch nichts zu sehen . Auch Nachfragen im Geschäft wurden achselzuckend mit Nein beantwortet . Der MSV fand selbst im Duisburg der 70er Jahre nicht statt , oder wir haben immer an den verkehrten Stellen , bzw. in den falschen Geschäften geguckt .
In der City sind wir meines Wissens nach nie gewesen .

Keine Ahnung ob es dort eventuell ein MSV Heimtrikot gegeben hätte ? Ich denke aber eher nein , denn mein erstes MSV Trikot kaufte ich mir dann mit 18 , als ich mit dem eigenen Auto in Duisburg war . Und dieses Trikot bekam ich auch erst nach dem Besuch des fünften oder sechsten Sportgeschäftes und es handelte sich nicht um ein Original , sondern lediglich um eines in weiß mit blauen Streifen . Und das im Jahr 1986 .

Also einigte ich mich mit meiner Mutter zumindest auf ein Deutschland Trikot , es muss so um die Zeit der Europameisterschaft 1976 gewesen sein . Natürlich sollte es das weiße Heimtrikot sein . Es wurde abermals die Sportabteilung im Horten aufgesucht , wieder Fehlanzeige . Kein weißes Deutschland Trikot . Auch hier wiederholte sich das Prozedere einige Male , bis ich mich schließlich mit dem grünen Auswärtstrikot der Nationalelf zufrieden gab .

Einmal wünschte ich mir eine MSV Kuscheldecke . Was bekam ich ? Eine von Hertha BSC Berlin . Warum ? Es gab schlicht und ergreifend keine vom MSV , jedenfalls nicht in Duisburg . Ich war mächtig enttäuscht und was sagte meine Mutter ? „ Ist doch nicht schlimm , ist doch auch blau-weiß".

Das Problem mit dem MSV Trikot wurde auf ähnliche Weise gelöst . Irgendwann kam meine Mutter mit einem VfL Bochum ! Trikot nach Hause . Ganz in Blau , an den kurzen Ärmeln und am Hals mit weißen Bündchen abgesetzt . Auch hier natürlich eine Riesenenttäuschung . Gelöst wurde das Problem , indem meine Mutter einen MSV Aufnäher besorgte , so einen mit einem seidenglänzenden Stoff der nicht gewaschen werden durfte . Deshalb versah sie ihn mit drei Druckknöpfen,die Gegenstücke wurden am Emblem des VfL angebracht . Fortan wurde der MSV Aufnäher über das Wappen des VfL geknöpft und vor jedem Waschgang entfernt . Bis das eines Tages mal vergessen wurde . Von da an bestand das Emblem aus einem etwas glänzenden Stoff , in dem man noch ganz Schwach die Konturen des einstigen MSV-Wappen erkennen konnte .

Zum Trost bekam ich dann wenigstens noch eine Replika des braunen WM Fußballs von 1954 .

Ja , so wurden die Dinge rund um den Fußball bei uns gehandhabt .
Ich hatte es als Kind und MSV Fan echt nicht leicht .

Zurück zur Ferienpassaktion . Ich wusste, ich wollte den MSV endlich mal live spielen sehen . Bei einem Spiel begleitete mich dann meine älteste Schwester ins Wedau Stadion. Keine Ahnung ob Sie freiwillig mitkam oder von meinen Eltern genötigt wurde ? Es war das Spiel gegen Tel Aviv (2:2). Beeindruckend für mich . Ein richtiges großes Stadion mit Tribünen und allem was dazu gehört . Wir standen in der Nordkurve unter den Platanen.

1977 : Intertotocup im Wedau-Stadion gegen Tel Aviv

Das zweite Spiel war das gegen Standard Lüttich. Meine Erinnerung und Meinung war jahrelang , das Spiel fand in Dinslaken statt. Doch irgendwann entpuppte sich das als Irrtum, es war in Homberg gewesen. Niemand konnte oder wollte mich begleiten, also fuhr ich als neunjähriger allein mit der Straßenbahn! von Marxloh nach Homberg. Das Spiel endete 4:0 für den MSV und so hatte ich meinen ersten MSV Sieg live und in Farbe gesehen. Auf dem Heimweg lernte ich dann in der Bahn zwei ältere Jungen kennen, ebenfalls MSV Anhänger die sich auch das Spiel angesehen hatten. Sie mussten so 15 oder 16 gewesen sein. Wir sprachen miteinander, bis einer der beiden mich fragte wo ich denn hin müsse. Ich antwortete : Marxloh. Und obwohl die beiden einen anderen Weg hatten, stiegen Sie mit mir um und brachten mich bis zu meiner Haltestelle in Marxloh.

Da spürte ich zum ersten Mal den Zusammenhalt unter Fans. Es fühlte sich großartig an. Ich gehörte dazu und ältere Jugendliche gaben sich mit mir ab, verbunden mit und durch den MSV. Leider weiß ich keine Namen mehr. Sollten sich die beiden vielleicht erinnern und das hier lesen, meldet Euch.

Die nächste einprägsame Erinnerung ist dann wieder der UEFA-Pokal . Diesmal aus der Saison 1978/79 mit den Spielen u.a. gegen Lech Posen , CZ Jena und dem Halbfinale gegen Bor.Mönchengladbach . Auch hier schwinden die Erinnerungen ob es sich um Livespiele im TV oder Zusammenfassungen im selbigen handelte . Ich weiß nur das mich als Kind das Spiel gegen Jena fesselte , ein deutsch-deutsches Duell , im Hinblick auf das geteilte Deutschland und das meine Eltern ja in Ost-Berlin lebten , bis sie kurz vor dem Mauerbau „rüber machten" . Außerdem blieben die Spiele gegen Gladbach in Erinnerung , das Niederrheinduell . Damals war Gladbach ein

schwieriger Gegner für den MSV .
Immerhin schaffte man im Hinspiel zu Hause ein 2:2 .
Das Rückspiel ging dann sang- und klanglos 1:4 verloren .
Wieder mal war es nix mit einem Titel .
In dieser Zeit entwickelte sich dann auch mein Interesse
an Geographie , allerdings im Hinblick auf die Fußballver-
eine in den jeweiligen Ländern . Mannschaften in den internationalen Wettbewerben wurden dann im Atlas ge-
sucht . Ein Umstand der mir immer mal im Leben weiter
half , wenn die Frage aufkam in welchem Land denn eine
bestimmte Stadt liegt .

✳✳✳

*Einwurf : Nun geht sie also los , meine Jubiläumssaison.
Eigentlich hätte ich mir dafür den MSV in der ersten
Liga , zumindest aber in Liga 2 gewünscht .Sei es drum ,
einmal MSV immer MSV , egal in welcher Liga. In diesem
Fall der dritten .
Die große Chance zur Rückkehr in Liga 2 wurde 2020 jäh
durch Corona zunichte gemacht . Die Zebras waren Tabellenführer , spielten einen richtig guten Fußball , als es
in die Corona Zwangspause ging . Danach kam die
Mannschaft im dicht gestaffelten Terminplan der Nach-
holspiele nicht mehr in Tritt und verspielte den fast
schon sicher geglaubten Aufstieg .*

*In den Folgejahren fand man sich dann leider im Tabel-
lenkeller der 3.Liga wieder , wo es eigentlich immer
gegen den Abstieg ging .*

*Aus meiner Sicht wurden viele Fehler gemacht und ge-
fühlt Jahr für Jahr wiederholt . Bei den Neuverpflichtungen hatte man selten ein glückliches Händchen, aus wel-
chen Gründen auch immer .*

Dazu kam keine Kontinuität im Kader , häufige Trainer-wechsel , die Liste ließe sich negativ beliebig fortführen . Jedenfalls will man in der kommenden Saison aufs obere Tabellendrittel schauen und in der folgenden auf die Aufstiegsplätze …..

***

Mehr Berührungen mit dem MSV gab es dann erst mal für lange Zeit nicht mehr. Meine Eltern hatten den Ent-schluss gefasst ein Eigenheim zu bauen . Zuerst suchte man im Duisburger Umfeld . Eine Erinnerung ist , dass wir eines Sonntags nach Bocholt fuhren, wo ein neues Baugebiet erschlossen werden sollte. Doch am Rande be-kam ich mit, das sich dieses Vorhaben dort aus finanziel-len Gründen nicht realisieren ließ. Meine Tante, die ja ebenfalls in Duisburg wohnte, machte öfters Urlaub im Westerwald und war mit Ihrer Familie inzwischen dorthin gezogen und hatten ein eigenes Zweifamilienhaus ge-baut. Da die Mietwohnung just dort frei wurde als meine Eltern ihre Pläne in die Tat umsetzen wollten, hieß
der logische Schluss : Wir ziehen nach Hessen, 200km von Duisburg entfernt, von einer gut 500tsd. Einwohner-stadt in ein 500-Seelen-Dorf . Für mich brach eine Welt zusammen.
Alle Wurzeln wurden gekappt, meine Kindheit, meine Heimat , meine Freunde , alles wurde von heute auf mor-gen dem Erdboden gleich gemacht. Für mich stand fest, an meinem achtzehnten Geburtstag geht der Weg schnurstracks zurück in die Montanstadt!
Aber es sollte anders kommen…

Für mich war es erst mal ein Kulturschock. Hinzu kam, daß ich nach dem dritten Schuljahr wechseln musste, was sich im Nachhinein als nicht vorteilhaft für meinen schulischen Werdegang erweisen sollte. Denn in Duisburg zählte ich in den ersten drei Schuljahren zu den Klassenbesten , ohne jetzt angeben zu wollen . Das einzig positive waren zunächst die acht Wochen Sommerferien, da diese in Nordrhein-Westfalen zwei Wochen früher begannen als in Hessen.

Im neuen Wohnort gab es eine Grundschule, meine Klassenkameraden und Kameradinnen kannten sich bereits aus dem Sandkasten und dem Kindergarten.

Dort Anschluss zu bekommen war nicht leicht für mich und so war ich bald für alle der "Ruhrpottflüchtling".

Und dann auch noch ein MSV Fan.

Die meisten waren Anhänger der Borussia aus Mönchengladbach, der Bayern oder auch dem VfB Stuttgart. Für mich unvorstellbar, die fußballerische Landkarte hatte ich im Kopf und als hier geborener wäre eigentlich nur die Frankfurter Eintracht in Frage gekommen. Davon gab es hier meines Wissens nach niemanden. Aber ein älterer Jugendlicher war MSV Fan. Warum? Das habe ich nie in Erfahrung gebracht.

Irgendwann fasste man dann Fuß und wurde in die Gruppe integriert . Ich begann im örtlichen Verein , dem TSV Fleisbach , Fußball zu spielen . Allerdings war ich mäßig begabt , das Talent hielt sich in Grenzen und meine Lust , regelmäßig im Mannschaftstraining zu erscheinen , war auch nicht so ausgeprägt . Kurz vorm Wochenende ging man am im Dorf hängenden Schaukasten des Vereins vorbei . Dort wurden die aktuellen Aufstellungen zu den anstehenden Spielen ausgehangen . Ich war schon froh wenn ich überhaupt aufgeführt wurde . Meistens als Ersatzspieler . Es zählte eben der Trainingsfleiß . Dementsprechend sind auch die Erinnerungen sehr vage . Auf einem Familientag am Sportplatz spielten wir mit dem neuen Jahrgang der B-Jugend gegen die eigene C-Jugend . Ob es am Genuss der paar Biere vor dem

Spiel lag , jedenfalls gelangen mir beim 5:2 , 3 Treffer .
Ein Kunststück , das ich nur noch einmal schaffte .
Im Zeltlager an der Ostsee spielte ich in der Auswahl des
Lahn-Dill-Kreises gegen eine Auswahl gleichaltriger aus
unserem Camp , um sich auf das anstehende Spiel gegen
das Nachbarcamp aus Braunschweig vorzubereiten . Wir
gewannen 3:0 , ich steuerte alle Treffer bei . Nun waren
bei diesem Spiel Kiebitze der Braunschweiger vor Ort .
Ob meiner Leistung mahnten sie später an , ich wäre
wohl älter als das festgelegte Höchstalter und wollten
nicht antreten , wenn ich mitspiele . Unsere Coaches wei-
gerten sich dem nachzukommen und so fand dieses
Match zum ersten und einzigen Male in der Geschichte
der Zeltlagervergleiche nicht statt .
Vom Vereinsfußball fallen mir noch zwei Ereignisse ein .
Einmal spielten wir in der A-Jugend im Pokal gegen einen
zwei Klassen über uns spielenden Verein und gewannen
2:1 . Darüber war der Gegner so erbost und begann kurz
vor Spielende eine überharte Gangart an den Tag zu legen . Wir zeigten uns unbeeindruckt und sie kassierten in
den Schlußminuten zwei rote Karten .
Das andere mal hatten vor der letzten A-Jugendsaison
drei , vier unserer Leistungsträger aufgehört zu spielen .
Nach der Hinserie lagen wir auf dem letzten Tabellenplatz
und hatten die eine oder andere zweistellige Niederlage
kassiert . In der Winterpause beknieten wir die „Abtrün-
nigen" doch wieder zurück zu kehren . Sie taten es
schließlich . Ein Gegner , der in der Hinrunde zweistellig
gegen uns gewonnen hatte , kam nun zum Rückspiel auf
unseren Platz . Sie tönten vorher , wie „hoch" sie es denn
heute machen würden . Beim Schlußpfiff schlichen sie
mit hängenden Köpfen vom Platz , wir hatten mit 13:1
gewonnen . Wir gewannen alle Spiele der Rückrunde bis
zum letzten Spieltag . Da kam der Meister und schlug
uns mit 4:0 . Dennoch konnten wir am Ende die Vize-

meisterschaft bejubeln .
Im Seniorenbereich war ich nie aktiv , nur in diversen
Freizeit- und Hobbymannschaften .

***

*Einwurf : Nach den ersten Spielen macht sich Ernüchte-
rung breit . Das hatte ich mir , genauso wie viele andere
MSV Fans ganz anders vorgestellt .
Schon die ersten beiden Spieltage ließen viele spielerische Mängel erkennen .*

*Dazu kamen die beiden schweren Verletzungen von Kölle
und Esswein .*

*Nach dem 6.Spieltag dürfte den meisten klar geworden
sein , dass das obere Tabellendrittel wohl Wunschtraum
ist. Die Auftritte der Zebras waren bis dato Mut- und Ide-
enlos und viel zu statisch und ausrechenbar . Die Abwehr
erwies sich insgesamt als sehr anfällig , gerade bei Stan-
dards .Bei fast jedem Angriff des Gegners bekam
man Schnappatmung . Dazu fehlte ein Kreativspieler ,
ein Denker und Lenker . Der wurde vor der Saison vor
die Tür gesetzt . Vom Mittelfeld ging einfach zu wenig
Torgefahr aus , Flanken kamen häufig nicht an , Pässe
gingen nicht dahin wo sie hingehört hätten . Das führte
letztlich auch dazu , daß der MSV Sturm gar nicht stattfand .*

***

Sportlich lief es beim MSV als graue Maus noch ganz gut.
Man spielte im UEFA-Pokal und schaffte es bis ins Halbfi-
nale. Endstation war dann Borussia Mönchengladbach .
Allerdings forderte der Wettbewerb mit der Mehrbelas-

26

tung seinen Tribut , wie so oft bei vielen Vereinen. Dem Hoch im Pokal folgte im Ligaalltag der Absturz. Die Tabellenstände wurden immer öfter zweistellig und der MSV geriet mehr und mehr in den Abstiegsstrudel .

Dazu kamen chronisch leere Kassen . Ich lernte zum ersten mal so etwas wie Schmerz zu fühlen,in Bezug auf meienen Herzensverein. Ronald Worm wechselte nach der Saison 1978/79 zu Eintracht Braunschweig . Das konnte ich so gar nicht verstehen.zwar war Braunschweig 1966/67 Deutscher Meister , mittlerweile aber genauso eine graue Maus wie der MSV . Unverständlich und für mich nicht nachvollziehbar . Ich war tief enttäuscht . Es hätte wahrscheinlich weniger weh getan , wäre Ronnie zu einem in dieser Zeit erfolgreichen Verein gewechselt . Das waren die Bayern aus München , der Hamburger SV , der VfB Stuttgart und der 1.FC Kaiserslautern .

Es dauerte gar nicht lang und der nächste verdiente Duisburger verließ das dann sinkende Schiff . Nach dem ersten Bundesligaabstieg wurde auf die Dienste von Bernhard Dietz verzichtet , unter Umständen , die für Ennatz nicht würdig waren .

Er wechselte zu S04 !

Aua , aua ….

Aus finanzieller Not kamen später noch etliche Spieler dazu . Strunz , Wohlfarth , Salou um nur einige zu nennen , aber der Schmerz war fast genauso groß wie damals bei Ronald Worm . Eine andere Geschichte aus dieser Zeit : Um den damaligen Leistungsträger Kurt Jara zum bleiben zu animieren , wurde die sogenannte Jara-Mark ins Leben gerufen . An den beiden letzten Heimspielen der Saison 1979/80 wurde gegen Fort.Düsseldorf und 1860 München jeweils 1 DM Aufschlag pro Ticket verlangt . Am Ende kamen aber nur rund 30.000 DM zusammen und Jara wechselte für eine Million DM zu

Schalke 04! .

Im ersten Heimspiel der folgenden Saison gab es als Entschuldigung seitens des Vereins dann einen Nachlass von 1 DM auf den Ticketpreis . Gegner war kurioserweise wieder 1860 München .

23.000 zahlende Zuschauer nahmen den gewährten Rabatt in Anspruch .

Der sportliche Abstieg wurde dann 1982 endgültig besiegelt. Ich konnte es nicht fassen, mein MSV musste erstmals aus der Bundesliga absteigen.

Ich hörte die Bundesliga fast immer Samstagnachmittag im Radio , andere Live-Medien gab es damals nicht .

Die ziemlich letzte Chance bot sich den Meiderichern noch am 31.Spieltag in Leverkusen . Am Ende stand eine 1:2 Niederlage . Noch heute spüre ich dieses Gefühl , als mir dämmerte , der MSV würde nun absteigen . Später überkam mich dasselbe Gefühl noch mehrmals in Sachen Abstiege unseres Spielvereins . In jener Saison folgten dann noch die Niederlagen zu Hause gegen Darmstadt (0:2) und im Auswärtsspiel in Bremen (1:5) , ehe man sich am letzten Spieltag mit einem 2:1 Sieg gegen Düsseldorf aus der Bundesliga verabschiedete .

$* * *$

Einwurf : Als ich diese Zeilen schreibe , ist der MSV gerade sang und klanglos aus dem Niederrheinpokal ausgeschieden . Beim Oberligisten KFC Uerdingen verlor man mit 0:1 n. V. in der zweiten Runde der Pokalsaison 2023/24.

Ein neuerlicher Niederschlag, nachdem in der Liga nach einer ewig andauernden Sieglosserie gerade der erste Sieg gegen Unterhaching mit 1:0 eingefahren werden konnte.

Trainer Ziegner und Sportchef Heskamp mussten bereits gehen. Nach 3 Spielen als Interriemscoach wurde Engin Vural , für mich unverständlich , ersetzt durch Boris Schommers . Aus meiner Sicht sehr unglücklich , zwei Tage vorm anstehenden Pokalspiel.
Nun gut, seit gefühlten Ewigkeiten ist man als MSV Fan ja Kummer gewöhnt.

Erwähnt sei hier die Querelen rund um die Arena in der Ära Hellmich, der Zwangsabstieg und der schon
fast in trockenen Tüchern geglaubte , aber dann doch noch verspielte Zweitligaaufstieg nach der Coronaunterbrechung. Während man anfangs noch Hoffnung hatte , auf eine baldige Rückkehr zumindest in die zweite Liga , schielt man heute eher Richtung Regionalliga. Was ist nur aus diesem Traditionsverein geworden?
Man kann darüber streiten ob es am mangelndem Geld liegt oder an vielen falschen Personalentscheidungen, sowohl im sportlichen als auch im administrativen Bereich. Fakt ist aber , dass es Vereine mit weniger Mitteln schaffen , sportlich besser abzuschneiden. Entscheidend finde ich die Verpflichtungen zahlreicher Spieler ohne vorherige Spielpraxis oder Spieler die eine lange Vita von Verletzungen haben. Gestandene Profis, die momentan nicht in der Lage sind vernünftige Flanken zu schlagen oder ein Spielkonzept zu haben. Das wirft bei mir die Frage auf , woran liegt das , die können doch das Fußballspielen nicht verlernt haben ?

Ich weiß, auch damals war beim MSV schon die Kasse leer, aber für mich begann der sportliche Abstieg in der Zeit rund um das DFB-Pokal Finale gegen Bayern München , welches man so unglücklich mit 1:2 verlor . Als man anstatt ein wenig Risiko zu gehen und sportlich ein wenig „aufzurüsten" auch noch Bachirou Salou

verkaufte.
Man durfte als Unterlegener trotzdem in der folgenden Saison international ran , da die Bayern Meister wurden .

Sei es drum, die Zeit lässt sich nicht zurückdrehen.

***

Also weiter im Text.

Es folgten einige Zweitligajahre mit unterschiedlichem sportlichem Erfolg . Die größte Möglichkeit zur Rückkehr in die Bundesliga bot sich dem MSV als Zweitligadritten in den Relegationsspielen gegen Eintracht Frankfurt 1984. Als das Hinspiel stattfand, weilte ich gerade auf Abschlussfahrt in München. Also keine Möglichkeit das Spiel live im TV zu verfolgen.
Auch gab es weder Internet noch soziale Medien. Ich weiß noch das am Tag nach dem Spiel ein Ausflug in die Münchener Innenstadt stattfand. Ich konnte es erst nicht abwarten an den Zeitungsständen die erstbeste Bildzeitung aufzuschlagen und dann nicht glauben was ich da las : 0:5 ! Unfassbar, alles vorbei, schon nach einem Spiel. Das 1:1 im Rückspiel bot wenig Trost .

In den Jahren danach fuhr der Fahrstuhl immer schneller Richtung Keller und Amateurfußball. Der Legende nach war es im Zweitligaabstiegsjahr in die Oberliga Nordrhein zum absehbaren Ende hin sogar verboten zu gewinnen um die Siegprämie zu sparen.

Von da an hieß es für geraume Zeit am Wochenende zu gegebener Zeit vorm rauschenden Radio WDR zu suchen und auf die Ergebnisse der Oberliga Nordrhein zu lauschen. Ich war zu dieser Zeit noch viel zu ungeduldig um auf die Montagsausgabe des Kicker zu warten .

Ja , das waren Zeiten, ohne Handys, Internet und Facebook.

Irgendwann mit 18 machte man den Führerschein und ab da bot sich dann auch die Möglichkeit wieder ins Stadion zu fahren. Das erste Spiel , live den MSV zu sehen , war zunächst in der neuen „Heimat" , im etwa 20 km entfernten Haiger . Das Spiel fand am 23.05.1987 im Rahmen der Deutschen Amateurmeisterschaft statt ,
wo sich der MSV später im Jahr den Titel gegen die Amateure der Bayern holte .
Es war die erste Runde und die wurde in Hin-u. Rückspiel ausgetragen . Ich fuhr mit ein paar fußballbegeisterten Kumpels dorthin . Es kam oder kommt nicht so oft vor , dass ein Traditionsklub in der Region Station macht bzw. machte .Von einem großen Klub waren wir zu dieser Zeit, als Tabellenzweiter der Oberliga Nordrhein , allerdings weit entfernt .
Aber zumindest die Richtung stimmte allmählich wieder .
Das Spiel endete 0:0 , leider . Ein wenig enttäuscht war ich schon , hatte ich mir doch nach so langer Zeit ohne MSV zumindest ein paar Livetore gewünscht .

Eintrittskarte vom damaligen Erstrunden-Hinspiel in Haiger um die Deutsche Amateurmeisterschaft 1987

Cestonaros Wiedersehen mit dem MSV

Der Eintracht-Coach spielte vor 15 Jahren mit Trainer Detlef Pirsig bei den »Zebras«

Das waren noch Zeiten, als Peter Cestonaro (Fünfter v. l. hintere Reihe) und der heutige MSV-Coach Detlef Pirsig (Dritter v. l. hintere Reihe) zusammen im Duisburger Bundesliga-Team standen. Weitere bekannte Spieler wie Bernhard Dietz (Siebter v. l. vordere Reihe), Hannes Linssen (daneben) und Ronald Worm (Fünfter v. r. hintere Reihe) trugen damals das Meidericher Trikot.

Zwei Jahre spielten sie für den gleichen Verein – am Samstag sind sie Kontrahenten, wenn im ersten Spiel um die Deutsche Fußball-Amateur-Meisterschaft um 15.30 Uhr SV Eintracht Haiger und der MSV Duisburg aufeinandertreffen: Peter Cestonaro und »Zebra«-Trainer Detlef Pirsig.

Haigers Spielertrainer und »Eisenfuß« Pirsig trugen von 1972 bis 1974 das Trikot der Duisburger Traditionsvereins – allerdings mit sehr unterschiedlichem Erfolg. Peter Cestonaro kam als 19jähriger zu dem Verein, der von Beginn an (1963) zur Bundesliga gehörte. Der damalige Jungkicker absolvierte nur ein Spiel in der Bundesliga für den MSV. Detlef Pirsig dagegen blieb zwölf Jahre in Duisburg – die Statistik führt ihn heute 41jährigen mit 336 Bundesligaeinsätzen und neun Treffern.

Es wären sicher noch mehr geworden, wenn beim MSV Duisburg Fachleute das Sagen gehabt hätten und nicht sogenannte Experten, die mit die Verantwortung trugen, daß der Verein nach 19 Jahren im Fußballoberhaus den Weg in die Zweitklassigkeit antreten mußte. Während der MSV bis zum Abstieg 1982 in die Zweite Liga zu den fünf Vereinen gehörte, die von Beginn an dabei waren, führte Pirsig ab 1977 die Bezirksligaelf des BV Lüttringhausen – heute BVL Remscheid – innerhalb von sechs Jahren als Spielertrainer in die 2. Bundesliga.

Der MSV Duisburg stand während seiner Bundesligazugehörigkeit zweimal im Pokalfinale (1966 gegen Bayern München und 1975 gegen Eintracht Frankfurt), verließ aber jedesmal als Verlierer den Rasen. In der Saison 1978/79 drangen die »Zebras« bis ins Halbfinale des UEFA-Cup-Wettbewerbs vor und schieden gegen den späteren Sieger Borussia Mönchengladbach erst im Halbfinale aus.

Unmittelbar danach wurde der MSV von seiner Vergangenheit eingeholt: Die Steuerfahnder waren im Clubheim fündig geworden. Der Gewinn aus den UEFA-Cup-Spielen – es war weit über eine Million Mark – ging für Steuernachzahlung und Strafbefehlen drauf. Dabei kam es zum Vorschein, daß ein Angestellter des Vereins fein säuberlich mit Unterschrift bestätigt hatte, daß er sich für das Führen der »Schwarzen Kasse« monatlich 150 Mark aus derselben entnommen hatte ...

Das war der Anfang vom Ende des fast nie ohne Schulden arbeitenden Vereins. Das von der Hand in den Mund leben hörte beim MSV Duisburg auch in der zweiten Bundesliga nicht auf – nach vier Jahren folgte der Abstieg ins Amateurlager mit über zwei Millionen Mark Verbindlichkeiten, die eine Großbank übernahm.

Die erste Saison in der Oberliga lief sportlich und finanziell gut. Immerhin kamen die Meidericher, die alle Spiele wie zu Bundesligazeiten im über 30 000 Besucher fassenden Wedau-Stadion bestritten, auf einen Zuschauerschnitt von fast 4000 Besuchern – mehr als im letzten Jahr in der 2. Bundesliga. Der Verein betrachtet sich heute als finanziell gesund – noch, denn der Fiskus steht in einer Betriebsprüfung von den Jahren 1981 bis 1985 wieder auf der Matte. Es ist die Rede von einer Steuernachzahlung in einer Höhe eines sechsstelligen Betrages. Allerdings ist diesmal keine »Schwarze Kasse« im Spiel.

Kein Wunder also, daß nicht nur die Spieler die Deutsche Amateurmeisterschaft gewinnen wollen, – auch das Präsidium träumt von einem Endspiel mit einer dicken Einnahme. Und auch der neue Werbepartner, die Sparkasse Duisburg, möchte mit dem Titel eines Deutschen Meisters werben können.

Aber davor kommt erst noch Peter Cestonaro mit seinem SV Eintracht Haiger. Cestonaro, der am letzten Sonntag den MSV Duisburg beim 1:1 in Viktoria Köln beobachtete wurde von seinem alten Vereinskollegen Detlef Pirsig mit den Worten verabschiedet: »Bis zum Samstag, Peter – ich freue mich auf das Spiel«. Und Haigers Spielertrainer blieb die Antwort nicht schuldig: »Bis dann – ihr müßt dann aber mehr bringen, wenn ihr was gewinnen wollt!« **Horst Leroi**

Artikel in der heimischen Presse vor dem Hinspiel in Haiger

Artikel in der heimischen Presse
nach dem Rückspiel in Duisburg

Danach sollte es fast auf den Tag genau nochmal zwei Jahre dauern , ehe ich nach Duisburg aufbrach um dem altehrwürdigen Wedaustadion mal wieder einen Besuch abzustatten . Am 21.05.1989 besuchte ich das Spiel zur Aufstiegsrunde der zweiten Liga gegen den TSV Havelse . Dieses mal waren die Zebras siegreich und schlugen den Gegner durch zwei Tore von Kober und eines von Tönnies mit 3:1 .

Mein erstes „Profispiel" besuchte ich dann am 24.03.90 Diesmal hieß der Gegner Stuttgarter Kickers , Endergebnis 1:1 (Tor Kober) .
Ein echtes Highlight war dann im selben Jahr das DFB-Pokal-Achtelfinale gegen BW 90 Berlin am 01.12.1990 . Nach 90 min. hatte es 2:2 gestanden (2x Tönnies , kurios : 1x Foul- und 1x Handelfmeter) , also folgte die Verlängerung , in der abermals Tönnies in der 109 min. für das entscheidende 3:2 sorgte . Diesmal war es ein „normales" Tor unseres Tornados .
1991 folgten dann vier Spiele , darunter drei Zweit – und später im Jahr ein und mein erstes MSV Erstligaspiel . Gegner war der 1.FC Kaiserslautern am 18.10.1991 .Man trennte sich 1:1 (Tor : wer sonst ? Tönnies) Entscheidender und wesentlich emotionaler war aber neben den Spielen gegen SV Meppen (09.03.1991 : 4:0 , Tore : Tönnies , Steininger , 2x Kober) und FC Homburg (06.04.1991 : 4:0 , Tore : 2x Tönnies , Steininger , Schmidt) **das** Spiel der Spiele mit dem krönenden Abschluss endlich wieder Erstligist zu sein , gegen BW 90 Berlin . Die Bilder der Platz stürmenden Fans und die Emotionen kurz vor und dann nach dem Schlusspfiff sind heute noch abrufbar , als Tönnies drei Minuten vor dem Ende das 1:0 erzielte .
1992 wiederholte sich dann das Spiel gegen die Stuttgarter Kickers (14.02.1992) von 1990 , diesmal eben nur in der ersten Liga , endete aber wieder 1:1
34

(Tor: Notthoff), ehe ich dann den MSV auswärts in Frankfurt (02.05.1992) unterstützte , leider ging das Spiel 0:3 verloren .

Am Ende der Saison stand dann wieder der Abstieg in die 2.Bundesliga .

Ich besuchte noch vier Spiele in diesem Jahr , zu Hause gegen den Wuppertaler SV (14.07.1992) 2:1 (Tore: Westerbeek und Struckmann) , in Köln gegen die Fortuna (18.07.1992) 0:0 und am 29.08.1992 gegen den Chemnitzer FC 1:0 (Tor: Schmidt) , alles Zweitligaspiele , ehe dann am 10.10.1992 das Drittrundenspiel im DFB-Pokal gegen Eintr.Braunschweig ausgetragen wurde , welches der MSV durch Tore von Preetz , Tarnat und Nijhuis mit 3:1 gewann .

Ein typischer Tag mit einer Fahrt nach Duisburg und Besuch des Wedau-Stadions lief meistens so ab :

Morgens gegen sechs Uhr aufstehen , Kaffee trinken , fertig machen , Mutter von zu Hause abholen .

Rauf auf die A45 Richtung Norden , Wechsel auf die A2 und A59 und nach gut zwei Stunden Ankunft in Duisburg .

Mutter bei Bekannten von früher abgesetzt , mal in Walsum , mal in Marxloh , ein kurzer Smalltalk und ich bin dann meistens in die City .

Je nach Anstoßzeit , nachmittags oder abends , auf zum Wedau-Stadion , im besten Falle nach neunzig Minuten einen Sieg bejubelt , ins Auto , Stau am Stadion , irgendwann rauf auf die Bahn , Mutter abgeholt und ab nach Hause .

Dort kam man je nach Spielansetzung dann zwischen 20 Uhr und 1 Uhr nachts an .

Eine Begebenheit gab es noch ein wenig abseits des Fußballs bei einem Besuch in Duisburg . Einen Ausflug in den
Duisburger Zoo , natürlich um die Zebras anzusehen, mit
vorherigen Einkaufsbummel in der City . Plötzlich saß da
in einem Buchladen Bernhard Dietz und signierte sein
Buch „Vom Straßen-Fußballer zur National-Mannschaft" .
Ich erwarb das Buch mit Original-Autogramm und Autogrammkarte . Leider vergaß ich dabei ein Bild zu ma-
chen.Sowohl Buch als auch Autogrammkarte existieren
noch heute .

Ebenfalls bei einem anderen Ausflug nach Duisburg , stand unter anderem auch ein Besuch des Zebra-Shops , damals noch an der Westender Straße auf dem Programm . Da wir bereits etwas spät dran waren und das Lokal nebenan auf hatte , beschlossen wir , dort zu Mittag zu essen . Der einzige Gast im Lokal war Markus Osthoff , der ein paar Tische weiter in irgendeiner Lektüre blätterte und Smalltalk mit dem Wirt oder der Wirtin hielt.

Das Geschlecht des Gastgebers oder der Gastgeberin ist mir nicht im Gedächtnis geblieben .

Ende 1993 veränderte ich mich beruflich und zog für etwas mehr als ein Jahr von Hessen nach Bayern , genauer nach München.

Dort wohnte ich dem legendären Spiel unseres MSV gegen die Bayern im Olympiastadion bei (26.02.1994) . Legendär deshalb, weil der MSV ein bis heute nicht mehr wiederholtes Kunststück schaffte , als Tabellenführer anzureisen mit negativem Torverhältnis (29:30) .

Das Spiel endete 0:4 .

Im Herbst konnte ich dann das Rückrundenspiel gegen die Bayern in Duisburg schauen , Endstand 0:3 .

In dieser Zeit war vom MSV gegen die Bayern so gut wie nichts zu holen , anders als in den siebziger Jahren .

Ein unschönes Erlebnis hatten wir (ich besuchte beide Spiele gegen die Bayern mit meinem damaligen Schwager / Bayern Fan) , nach dem Spiel in Duisburg , als ein paar „Duisburger Fans" versuchten meinem Schwager den Bayern Schal zu entwenden um diesen zu verbrennen . Wir waren zwei gegen fünf und nur das Eingreifen weiterer MSV Fans verhinderte eine Eskalation.

Am 05.11.1994 besuchte ich dann noch , ebenfalls mit meinem Schwager , das Spiel des MSV bei 1860 im Grünwalder Stadion in München . Endstand 1:1 durch ein Tor von Nijhuis .

Inzwischen wieder wohnhaft in Hessen , stand der nächste Besuch der Zebras am 03.08.1996 im Rahmen der Saisoneröffnung gegen Espanol Barcelona an . Durch einen verwandelten Handelfmeter von Anders gewann der MSV 1:0 .
Gut drei Wochen später war ich wieder in Duisburg , wieder gegen die Bayern und wieder setzte es am 25.08.1996 eine Niederlage (0:4) .

Ein wenig Glück hatte ich Ende der 90er und Anfang der 2000er , dass es hier im Umkreis einmal die Sportschule Grünberg gibt , sowie noch gute Trainingsmöglichkeiten im Westerwald (Bad Marienberg) . In diesen Jahren war der MSV öfters hier im Trainingslager , sowohl in Hessen als auch in Rheinland-Pfalz . So hatte ich die Möglichkeit von 1999-2002 diverse Trainingsspiele des MSV zu besuchen .
Ein besonderes Ereignis war das Mannschaftsfoto des MSV , welches in Bad Marienberg vorm dortigen Hotel aufgenommen wurde . Ich war als Kiebitz vor Ort und konnte so als einer der ersten das damalige neue Trikot mit dem Hauptsponsor Hellmich in Augenschein nehmen.

Vor dem Mannschaftshotel in Bad Marienberg
Mannschaftsfoto mit Hauptsponsor Hellmich

Aufstellung für die Einzelaufnahmen

Die Spiele die ich in diesen Jahren besuchte seien der Vollständigkeit halber noch erwähnt :

07.07.1999 : Theodor-Heuss-Stadion Wirges gegen EGC Wirges 4:0

21.07.2000 : Garbenteich gegen den dortigen SV 1928 4:1
23.07.2000 : Waldstadion Gießen gegen VfB Gießen 2:2
25.07.2000 : Grünberg gegen TSV Grünberg 9:0

07.07.2001 : Bad Marienberg gegen eine Westerwald- auswahl 14:0
08.07.2001 : Theodor-Heuss-Stadion Wirges gegen EGC Wirges 2:0
11.07.2001 : Hundsangen gegen SV Hundsangen 6:0

12.07.2002 : Hundsangen gegen SV Hundsangen 7:0
14.07.2002 : Bad Marienberg gegen Bad Marienberg 18:0
17.07.2002 : Rothenbach gegen SG Langenhahn/ Rothenbach 6:0

Autogramm von Michael „Zico" Zeyer

Im Gespräch mit Torsten Wohlert

Autogramm von Pierre Littbarski

Großer Sohn vor dem Mannschaftsbus

Ebenfalls bei Spielen im Rahmen der Trainingslager hier im Umkreis lernte ich verschiedene MSV Fans aus dem Lahn-Dill-Kreis und Westerwaldkreis kennen , die sich lose immer mal wieder zu Fantreffen verabredeten um über den MSV zu fachsimpeln . Da war ein waschechter Duisburger natürlich gerne gesehen sowie herzlich Willkommen und musste viel über Duisburg erzählen . Irgendwann brach da allerdings der Kontakt ab . Die Gründe weiß ich heute nicht mehr so genau .

Danach besuchte ich noch die Ausstellung „100 Jahre MSV Duisburg" und das Saisoneröffnungsspiel der Saison 2002/03 gegen den FC Schalke 04 am 04.08.2002 im Wedau-Stadion , Endergebnis 0:1 .

Besuch der Ausstellung „100 Jahre MSV Duisburg" am
04.08.2002

Und ich gestehe , das war mein bis heute letztes live er-
lebtes MSV Spiel . Aber in diesem Jahr 2024 , dem 50.
Jahr meines MSV-Fan-Lebens , werde ich ein Spiel in der
Arena besuchen , diesmal mit meinem jüngsten Sohn .

Nicht mehr dabei ist dann die legendäre Stimme von
Günter Storck als Stadionsprecher des MSV , der 2008 im
Alter von 87 Jahren verstarb . Seine Stimme und seine
selbstverfassten Werbebotschaften werden mir immer ein
Lächeln ins Gesicht zaubern , wenn ich mich daran erin-
nere . Ein Unikat eben .

Junge , wie die Zeit vergeht !

Saisoneröffnungsspiel 2002/03 gegen Schalke 04

Saisoneröffnung 2002/03 im altehrwürdigen Wedau-Stadion . Blick auf die Gegengerade.

Im Anriss links die alte Nordkurve .

Das heißt aber nicht das ich den MSV nicht mehr verfolgt hätte. In all den Jahren war das wenigste an Spieltagen , irgendwann nach Spielende das Ergebnis in Erfahrung zu bringen und zwar immer ! Über verschiedene Kanäle (TV , Zebra TV , Internet , Magenta TV) konnte ich etliche MSV Spiele live erleben . Das TV Angebot ist ja mittlerweile riesengroß , zu meinen Anfangszeiten in den 70er Jahren undenkbar . Es gab samstags ab 18 Uhr die Sportschau mit ausgewählten Spielen in der Zusammenfassung oder spätabends das aktuelle Sportstudio und sonntags die Sportschau und die Sportreportage . Meistens hieß es samstags ab 15.30 Uhr Radio hören , die Konferenzschaltungen aus den Stadien , besonders gebannt dann , wenn von Spielen des MSV berichtet wurde . Anfang der Achtziger mit der meistens bekannt , prägnanten Stimme von Manfred „Manni‟ Breuckmann für den WDR , in Hessen hörte ich meistens hr1 . Läuft übrigens heute noch so manchen Samstag , nur leider schon seit Jahren ohne den MSV .

Als junger Erwachsener wurde die Radioübertragung am Samstagnachmittag meistens zum Autowaschen genutzt, um gegen 18 Uhr zur Sportschau vor das Fernsehgerät zu wechseln . Anschließend ging es dann meistens auf die Strunz .

Darüber hinaus ging meine Leidenschaft für den MSV soweit, das ich anfing lange Jahre Ordner anzulegen und jeden Zeitungsschnipsel des MSV, Saison für Saison fein säuberlich auszuschneiden und chronologisch einzukleben. Das ging von 1982 bis 2002 . Anfangs waren es ein paar Artikel pro Saison in Schulhefte eingeklebt , später als ich eigenes Geld verdiente und mir jede Kickerausgabe kaufen konnte , sowie diverse Sportmagazine , waren es ganze Ordner pro Saison . War ich beispielsweise bei einem Spiel in Duisburg oder auf den Familientagen , schrieb ich die NRZ und WAZ an und bestellte die Printausgaben mit den Berichten über die entsprechenden Spiele oder Veranstaltungen .
Dazu kamen noch zahlreiche Fotos , Eintrittskarten , Statistiken , etc .
Ein MSV Fan im Umkreis , etwa 20 km von meinem Wohnort entfernt , der mich mal bei einem MSV Spiel der MSV-Frauen hier in der Nachbarschaft angesprochen hatte , war Abonennt des Reviersport . Man traf sich dann auch bei den Herrenspielen im Rahmen der Trainingslager hier in der Region . Irgendwann wurden einige Termine ausgemacht , immer von einem zum nächsten, an denen ich mir dann die von ihm für mich gesammelten Hefte abholte und dann wieder stundenlang beschäftigt war, alles fein säuberlich auszuschneiden und chronologisch einzukleben . Blatt für Blatt , zum Schutz natürlich alles in Klarsichthüllen .
Versteht sich ja wohl von selbst .

So füllten sich im Laufe der Jahre die Ordner und am Ende waren es zwei Umzugskartons voll . Dazu kamen einige Ordner des Zebra-Magazin aus den Jahren 1989-2003 . Manche Jahrgänge bestanden aus Einzelheften , manche waren dank Abo komplett . Irgendwann war mir das ganze dann zu zeitaufwendig geworden. Zu dieser Zeit kaufte ich ein Haus und die Geburt des dritten Kindes stand an . Die Kartons landeten dann irgendwann auf dem Dachboden , verstaubten und gerieten ein wenig in Vergessenheit.

Apropos Kicker . Jedes Jahr auf´s neue fieberte man dem Kicker Bundesliga Sonderheft entgegen . Gespannt wie denn die neuen Trikots aussehen würden . Dann erstellte man seine eigene Rangliste und stellte jedes Jahr wieder fest : das schönste war das vom MSV . Gefallen hatte mir ansonsten noch das vom VfB Stuttgart . Ob es am unschuldigen weiß liegt ? Jedenfalls sah man diesen Trikots nach 90 Minuten an , wer sich so richtig reingehängt hatte . Je schmutziger , desto größer muss die Leistung des Spielers gewesen sein .

MSV-Museum

Als dann nach dem Tod meiner ersten Frau die Renovierung des eigenen Hauses Anstand, fielen mir auch wieder die Ordner in die Hände. Zuerst, ja ich gebe es zu, wollte ich sie einfach entsorgen. Meine zweite Frau mahnte die viele Arbeit an die in den Ordnern stecke .
Es waren tausende Seiten,um genau zu sein : 2.571 .
Zum Glück gibt es das MSV Museum und ich nahm Kontakt zu Volker Baumann auf . Da wir öfters in den Niederlanden im Urlaub sind , Duisburg quasi auf dem Weg

liegt , verabredete ich mit Volker Baumann einen Termin (27.03.2019) bei der nächsten Urlaubsfahrt , lud die 2 Kartons zum Urlaubsgepäck und brachte sie zur damaligen „Sammelstelle" in der Duisburger City. So hoffe ich einen kleinen Teil zum Gelingen des MSV-Museum beigetragen zu haben . Zumindest bleibt dieser Abschnitt meines Lebens der Nachwelt auf irgendeine Art und Weise erhalten . Und das fühlt sich irgendwie gut und richtig an .

Einzig ein paar persönliche Fotos , die Eintrittskarten und ein paar Aufkleber mit Zebralogos , die ich wohl in einem der Ordner aufbewahrte , vermisse ich heute ein wenig .

Vielleicht ergibt sich ja irgendwann mal die Gelegenheit , diese Dinge in einem „lebendigen" MSV Museum nochmal zu sichten und dann eventuell auch abzulichten , einfach für meine persönlichen Erinnerungen .

Wäre eben noch ein Wunsch von mir .

Auf das MSV Museum möchte ich noch ein wenig näher eingehen , da ich die Menschen dahinter unbekannter Weise (bis auf Volker Baumann), sehr schätze und Ihre Arbeit für die Erhaltung und Bewahrung der Tradition , sowie das zusammentragen , alles was den MSV betrifft , nicht hoch genug loben kann .

Wäre meine Wohnortsituation nicht so bescheiden , wäre ich gerne ein Teil dieses Teams .

Hier käme mir meine Affinität für´s dokumentieren , sammeln und archivieren zugute . Auch beruflich hatte ich diverse Stellen u.a. in der Mikroverfilmung und Ak-tenarchivierung , die mir immer Spaß gemacht haben .

Die Idee entstand im Jahr 2011 als der Verein „Zebra-herde e.V." das Museumswochenende veranstaltete .

Mehr als 3.500 Fans besuchten die Ausstellungsräume , darunter auch die Führungsetage des MSV , ebenso ehemalige Spieler . Das schwelgen in Erinnerungen und die vielen Anekdoten beim Sichten des Materials brachte die Museumsmacher auf die Idee . Dennoch dauerte es bis Ende Januar 2017 , ehe der Verein schließlich unter dem Namen „MSV Museum e.V." gegründet wurde . Im März 2017 wurde er in das Vereinsregister eingetragen . Leider ist es bis heute noch immer nicht gelungen eine Örtlichkeit für ein dauerhaftes Museum zu finden . Für das Gelingen dieses Projektes drücke ich beide Daumen .

***

Einwurf : *Spielerisch ist ein kleiner Aufwärtstrend er-kennbar , der neue Hoffnung gibt . Der MSV schlägt im Dezember zunächst Lübeck mit 1:0 und holt beim 1:1 in Aue einen Punkt . Gegen Dresden Mitte des Monats spricht das 2:4 eine deutlichere Sprache , als es schluss-endlich war . Zum Jahresabschluß bezwang man dann noch das Ligaschlußlicht Freiburg II mit 4:2 .*

Gerade ist das Wintertransferfenster 2024 geschlossen worden . Nachdem Ahmet Engin und Daniel Ginczek be-reits zu Beginn der Restrunde 2024 verpflichtet wurden , kam noch der Vereinslose Erik Zenga hinzu . Außerdem wurde Michael Preetz als neuer Geschäftsfüh-rer vorgestellt .

Eine weitere Erkenntnis : Die kurze Winterpause kam für den MSV zur völlig falschen Zeit . Liefen die Testspiele noch gut , folgte im Ligabetrieb wieder mal die schnelle Ernüchterung durch eine klare Niederlage gegen den Mit-konkurrenten 1860 München (1:4) und die unglückliche , sowie völlig unnötige Niederlage gegen Halle (2:3) , ebenfalls eine Mannschaft die im Abstiegskampf steckt . Es folgte das Spiel gegen Ulm (2:2) , ein erschreckend schwacher Auftritt mit wenigen Lichtblicken .

Diesmal war der Fußballgott ein wenig auf unserer Seite und nachdem die Situation gut 15 min. vor Schluss beim Stand von 0:2 eigentlich ausweglos erschien , ging durch die Einwechslungen der „Jungen Wilden" ein Ruck durch die Mannschaft und als Tim Köther mit einem „Kacktor des Monats" der Anschluss zum 1:2 in der 82.min. gelang , spielte der MSV auf einmal einen richtig guten Fußball und wurde in der Nachspielzeit mit dem 2:2 durch Robin Müller belohnt.

Dennoch beträgt der Rückstand bei noch ausstehenden 15 Spielen auf das rettende Ufer 7 Punkte , wobei der Hallescher FC noch ein Spiel mehr auszutragen hat .

Die Situation erscheint mir irgendwie aussichtslos .

Ich gebe zu , ich gehöre zu den Kritikern des Führungsstil des MSV der letzten Jahre und tue dies auch des öfteren in den sozialen Medien kund , gebe aber trotzdem die Hoffnung nicht auf und hoffe auf das Wunder von der Wedau . Ansonsten bleibt der Wunsch für die nächste Saison , dass es nun endlich wieder besser wird , die richtigen Weichen gestellt werden und ein neues Kapitel MSV geschrieben werden kann . Andererseits , schlechter kann es auch kaum werden .

***

Anstoß 04.02.2024 : Gerade läuft das Spiel gegen den Tabellenführer aus Regensburg in der heimischen Schauinsland-Reisen-Arena .

Seit langer Zeit ein Spiel , welches ich relativ entspannt angucken kann, da meine Erwartungshaltung heute nicht sehr groß ist . Zwar ist der Rückstand auf das rettende Ufer wieder auf acht Punkte angewachsen , aber was kann heute schon schief gehen ?

Gerade ist das 0:1 gefallen und wie so oft in dieser

Saison scheint mir das zu einfach zu gehen . Dazu noch aus abseitsverdächtiger Position , im Nachschuss nach einen Pfostentreffer . Im Nachhinein stellt es sich als Abseitstor raus , aber was nützt es ?

Auch wenn die Chancen klar gegen uns sprechen , sieht es heute in Ansätzen gar nicht so schlecht aus . Es bleibt aber das ewig gleiche Dilemma , der letzte Pass kommt nicht an, kaum eine vernünftig verwertbare Flanke findet unseren Stürmer . Dazu treibt fast jeder gegnerische Angriff den Puls unnötig in die Höhe . Was ist diese Saison bloß mit unserer Abwehr los ?

Wiederhole ich mich ?

Schlusspfiff , es ist beim 0:1 geblieben . Erkenntnis heute : So langsam gehen dem MSV die Spiele aus .

***

Anstoß 10.02.2024 : Heute steht das Spiel in Verl an . Der nächste Versuch , irgendwie den Anschluss zu schaffen . Die erste Viertelstunde zeigt ein recht munteres und ausgeglichenes Spiel . In der 20.min. fällt das 1:0 für Verl . Geht das schon wieder los ? Beginnt jetzt wieder das große Leiden ? Keineswegs . Der MSV scheint tatsächlich unbeeindruckt und spielt munter weiter und wird in der 32 min. belohnt . Bei Daniel Ginczek platzt endlich der Knoten und nach schönem Solo netzt er zum 1:1 ein . Klasse Tor .

Schrecksekunde nochmal kurz vor dem Pausenpfiff .Ein Kopfball der Verler landet an der Querlatte des MSV-Gehäuses .

Mit einem 1:1 geht es in die Pause .

Riesenmöglichkeit für den MSV dann direkt nach Wiederbeginn . Bei der scharfen Hereingabe von Pledl kommt Ginczek einen Schritt zu spät . Nach 58 Minuten hat dann auch der MSV nach einem Konter seinen

Lattentreffer . Ginczek hatte auf Bitter abgelegt , dessen Versuch landet am Querbalken .

63.min. JUUUUBEEELLL . 1:2 . Wieder Ginczek nach guter Vorarbeit von Michelbrink und der Hereingabe von Kölle.

Crunchtime in Verl . Noch fünf Minuten , es geht hin und her . Der Verler Torwart kommt in der Nachspielzeit bei einem Eckball mit nach vorne . Luft anhalten , der wird doch nicht ...? Nein , wird er nicht . Der MSV kann klären und dann kommt der Konter in der 90.+4. . R.Müller läuft nach Zuspiel von Castaneda allein aufs Verler Tor zu und kann den Schlussmann zum alles entscheidenden 3:1 überwinden ! Endlich , Auswärtssieg , der erste in dieser Saison . Das tut so gut .

Anmerkung 1 : Der heutige Schiedsrichter Assad Nouhoum war für mich der beste der letzten Jahre , tadellose Leistung . Ich finde , auch so etwas muss mal gesagt werden .

Anmerkung 2 : Am Ende des Spieltages beträgt der Rückstand auf das rettende Ufer 5 Punkte .
Neue Hoffnung ?

***

Anstoß 17.02.2024 : Zur Abwechslung liege ich heute mal im Bett und schaue mir das Spiel gegen Vikt. Köln an. Warum ist Duisburg nur 200 km weit entfernt ?

Das Spiel startet mit einer Schweigeminute für Ludwig „Lulu" Nolden , der kürzlich im Alter von 88 Jahren verstarb und Zeit seines Lebens nur das MSV-Trikot trug . Ein Umstand der heute wohl undenkbar wäre .

Anpfiff . Nach erstem Abtasten ohne nennenswerte Chancen , kommt es wieder zu Fanprotesten gegen die

DFL und den Investoreneinstieg im deutschen Fußball . Tennisbälle und Frisbees fliegen auf das Feld . Ich kann das nachvollziehen , finde aber den Zeitpunkt nicht glücklich . Da sollte man ein besseres Gespür haben , denn gerade findet der MSV besser ins Spiel . Nachdem der Platz geräumt wurde , die erste Großchance für den MSV . Essweins Flanke legt Ginczek knapp am rechten Pfosten vorbei . Fast im Gegenzug kommt dann auch die Viktoria zu einer guten Möglichkeit .

Nach einem Check von Esswein gegen Greger kommt es zu Tumulten auf und neben dem Platz .

31.min. Wieder Esswein , gute Flanke auf Pledl , der völlig frei in der Mitte zum Kopfball kommt und verpasst .

Esswein heute wie entfesselt . Wahnsinn was der heute leistet . Eins mit Sternchen . Warum nicht immer so ?

40.min. Endlich das 1:0 für den MSV . Essweins tolle Balleroberung im Mittelfeld , Zuspiel auf Pledl , der weiter zu Feltscher , Flanke von rechts und Kölle ist da . Sehenswerter Spielzug und zu diesem Zeitpunkt völlig verdient . Jetzt heißt es dranbleiben .

Aber wie so oft passiert es wieder , das MSV-Spiel verflacht . Bis zur Pause , die nach neun Minuten Nachspielzeit beginnt , tut sich nix mehr .

2.Halbzeit .

54.min. Konter MSV , wieder Esswein im 16er , Querpass auf Pledl , der wiederum scheitert knapp .

Hoffentlich rächt sich das nicht wieder . Die dritte ausgelassene Großchance .

59.min. Die nächste Möglichkeit . Esswein wieder super auf der rechten Seite durchgesetzt , Flanke auf Pledl und dessen Schuß aus kurzer Distanz landet nach einem Aufsetzer am Querbalken . Mann , Mann , Mann .

In der 68.min. Verlässt dann das beste Zebra heute , Alexander Esswein , den Platz . Für ihn kommt Robin

Müller . Außerdem kommt Engin für Feltscher , der heute auch ein sehr gutes Spiel gemacht hat .
Danach scheint beim MSV ein wenig die Luft raus zu sein . Die Viktoria hat nun mehr vom Spiel .
In der 76.min. kommt Bakir für Michelbrink .
83.min. Alleingang von Robin Müller . Der wird doch wohl ? Nein , wird er nicht . Der Kölner Keeper kann ihm den Ball vom Fuß nehmen . Klasse Aktion . Wäre ja auch zu schön , eine etwas entspanntere Schlußphase zu erleben . Der Puls wird nun schneller .
85.min. Luft anhalten , diesmal verpasst Köln nur knapp den Ausgleich .
Warum muß das immer so spannend und nervenaufreibend sein ?
89.min. Wechsel MSV , Pusch kommt für Zenga .
Es gibt fünf Minuten Nachspielzeit und ich frage mich : Wofür ?
Nägelkauen ist jetzt angesagt .
90.+2.min. Chance für Köln .
90.+4.min. Chance für Köln .
Dann Schlusspfiff . Puhhhhh . Zweiter Sieg in Folge .
Wann gab es das eigentlich das letzte mal ?
Der Rückstand heute zum 16.Platz beträgt noch zwei Punkte , allerdings spielt Halle erst morgen und auch der Waldhof liegt noch vor uns .
Heute auf jeden Fall ein für mich verdienter Sieg der Zebras , auch wenn die Statistik in Sachen Torschüsse , Spielanteile und Zweikämpfe für Köln spricht .

Anmerkung : Tatsächlich lebt die Hoffnung wieder in Duisburg und bei mir . Ein perfektes Wochenende für den MSV . Am Ende des Spieltages beträgt der Rückstand auf den ersten Nichtabstiegsplatz nur noch 2 Punkte . Wer hätte das vor 14 Tagen gedacht ?

***

Anstoß 23.02.2024 : Heute steht das Auswärtsspiel in Münster auf dem Programm . Freitagabend , Flutlichtspiel ! Ich mag Abendspiele unter Flutlicht . Habe einige im altehrwürdigen Wedau-Stadion erlebt . Ganz früher noch mit den roten Bengalos , eine einzigartige Atmosphäre und immer ein Erlebnis der besonderen Art . Denke heute wartet eine schwierige Aufgabe auf unsere Zebras , ein bärenstarker Aufsteiger , ähnlich wie Ulm , mit nur einer Niederlage aus den letzten dreizehn Spielen und 2024 noch ungeschlagen .
Trotzdem , man muß sich mal vorstellen , mit einem Sieg heute könnte der MSV vorerst über den Strich springen . Wer hätte das vor drei Wochen gedacht ?
Erst Recht nach den beiden Auftaktspielen 2024 . Umso mehr schmerzt immer noch die unnötige Heimniederlage gegen Halle , sonst könnte man heute schon auf einem Nichtabstiegsplatz stehen .

Die Startelf ist nur auf einer Position gegenüber dem letzten Spiel verändert. Castaneda hat seine Gelbsperre abgesessen und rückt für Zenga ins Team . Schade irgendwie , ich mag die Spielweise von Zenga . Der Typ hat für mich die richtige Körpersprache .
Übrigens ist das heute ein Traditionsduell . Beide Mannschaften waren Gründungsmitglieder der Bundesliga , mit unterschiedlichem Ausgang . Duisburg wurde Vizemeister , Münster stieg ab .
Heute also fast umgekehrte Vorzeichen .
Los geht's .
Der MSV legt los wie die Feuerwehr .
2.min. Esswein flankt , aber Ginczek vergibt aus ein , zwei Metern völlig frei eine Hundertprozentige .
4.min. Wieder der MSV.Diesmal Esswein , knapp drüber , Arghhh. Das darf nicht wahr sein . Gut der Ball kam letztlich etwas überraschend noch bei Esswein an .

Danach verflacht das Spiel mit etwas mehr Spielanteilen bei den Preußen .

26.min. Rot für Bitter ! Da war doch was ? Nicht schon wieder , denke ich . Das war der Genickbrecher gegen Halle . Übrigens , die Rote Karte war berechtigt . Bitter kommt einfach ein Stück zu spät und trifft als letzter Mann den Gegenspieler am Fuß .

28.min. Duisburg kontert in Unterzahl , doch Pledl scheitert nach Alleingang von der Mittellinie am Münsteraner Schlußmann . Unser Mister Chancentod . Ob der mal ein Tor im MSV Dress erzielt ?

Noch gut sieben Minuten bis zur Pause .

Das Spiel ist weiterhin ausgeglichen . Man merkt gar nicht das der MSV in Unterzahl agieren muß .

Sie halten gut dagegen und sind aufmerksam .

Es gibt noch zwei Minuten in Halbzeit eins obendrauf . Eine gute Konterchance der Duisburger wird im Mittelfeld durch ein mit gelb geahndetes Foul unterbunden .

Torlos geht es in die Kabinen .

Meine Gedanken zur Halbzeit : Die Meidericher halten sehr gut dagegen und hatten am Ende die besseren Möglichkeiten . Wie wäre die Saison wohl verlaufen , hätte man immer so gespielt wie in den letzten zweieinhalb Spielen ?

Gut , da gab die Verletzungen von Esswein und Kölle . Ginczek , Engin und Zenga waren noch nicht da .

Ach so , warum spielt Engin eigentlich nicht ?

Anstoß 2.Halbzeit .

Erster Angriff der Münsteraner und der zur zweiten Halbzeit eingewechselte Bouchama macht nach 26 Sekunden das 0:1 . Ich könnte kotzen .

58.min. Dreifachwechsel beim MSV . Zenga , Bakir und Robin Müller kommen für Ginczek (heute wieder mal blass) , Esswein (für mich unverständlich ! , der beste Mann auf dem Platz) und Michelbrink (Licht und Schatten , letzteres heute etwas mehr) .

Mit den meisten Wechseln von Schommers bin ich selten einverstanden . Belastungssteuerung hin oder her , hier geht es ums nackte Überleben . Castaneda z.B. ein Spieler den ich total gut finde und in dem viel Potential steckt heute jedoch ein Totalausfall . Gut , der ist jung , dem muß man das auch mal zugestehen . Aber Esswein raus ? Man beraubt sich selber seiner Möglichkeiten , finde ich .

Man merkt dem MSV die Wechsel jetzt an , längst nicht mehr so gut im Spiel .

74.min. Es kommt was kommen muß , das 0:2 fällt . Der in der 72.min. eingewechselte Wegkamp (Natürlich ein Ex-Duisburger) trifft . Klar , oder ?

Manchmal frage ich mich ob das abgesprochen wird , wer eingewechselte Spieler übernimmt und wie da zugeordnet wird ?

79.min. Castaneda (für mich mindestens 24 Minuten zu spät) und Feltscher (heute , nach zuletzt bärenstarken Spielen auch eher schwach) verlassen den Platz . Dafür kommen Engin und Köther .

Jetzt geht nochmal ein Ruck durchs Spiel .

81.min. Folgerichtig das 1:2 . Bakir netzt nach Vorlage von Robin Müller ein . Wenigstens haben wir jetzt auch unser Jokertor .

83.min. Duisburger Konter . Sie wollen jetzt den Ausgleich , aber Münster kann zur Ecke klären .

Nachspielzeit . Ein Duisburger Konter endet in einem Gegenkonter , der durch Knoll mit einem Foul unterbunden wird . Dafür sieht er gelb und es kommt noch zu Tumulten am Mittelkreis .

90.+5. Der Deckel ist drauf . 1:3 durch Wegkamp (Shit) war ja irgendwie klar .

Schlußpfiff .

Da war heute definitiv mehr drin .

Die Moral und das spielerische haben heute gestimmt

und geben trotzdem Hoffnung . Einzig die Chancenverwertung läßt zu wünschen übrig . Wenn man drei sehr gute Chancen auslässt steht man eben am Ende mit leeren Händen da . Jetzt heißt es wieder morgen und übermorgen auf die Konkurrenz schauen und hoffen das die patzen . Ob wir nochmal so viel Glück haben wie letztes Wochenende , als alle anderen für den MSV gespielt haben ?

Anmerkung : Leider nicht . Zwar haben die beiden Teams vor und hinter uns auch verloren , aber die Mannschaften in Reichweite über dem Strich gepunktet .

Fazit : Fünf Punkte Rückstand zum rettenden Ufer und noch elf Spiele .

✳✳✳

Anstoß 03.03.2024 : Heute beschließt das Spiel MSV Duisburg – Bor.Dortmund II diesen Spieltag und die Ausgangslage ist nicht besser geworden . Da Halle und Mannheim ihre Spiele gegen Aufstiegskandidaten gewannen , sind wir derzeit sieben Punkte hinter der rettenden Linie . Heute kann nur ein Sieg zählen , denke ich und bin total nervös . Der letzte dieser Art datiert gegen diesen Gegner aus dem Jahr 2015 . Egal , Statistiken sind dazu da ein neues Kapitel hinzuzufügen .

Anfangsphase . Wie schon zuletzt legt der MSV wieder los wie entfesselt und hat deutlich mehr Spielanteile . Wieder wirbeln Esswein und Pledl , als gäbe es kein Morgen mehr . Was ist bei den beiden bloß passiert ? Auch Kölle zeigt eine sehr gute Leistung .

Folgerichtig die 1:0 Führung in der 12.min. durch Esswein nach guter Vorarbeit von Pledl . Dessen Ball auf Ginczek , der eigentlich verzieht , aber einen Dortmunder Spieler anschießt , von dem der Ball an den Pfosten geht . Den Abpraller versenkt Esswein mit einem fulminanten Schuß .

58

17.min. Der Wahnsinn geht weiter . Esswein erobert den Ball in der eigenen Hälfte,spielt rechts raus auf Ginczek . Der marschiert und bringt den Ball in den 16er wo Pledl sich energisch durchsetzt und zu seinem ersten Tor im Zebradress einschießt . Da hat er endlich seinen ersten MSV-Treffer . Aber was war das für ein Spielzug , Weltklasse .

Eine gute halbe Stunde ist gespielt und der BVB II kommt gar nicht vor . Das ist klasse gespielt von unseren Jungs . Man ist fast geneigt zu fragen ob die vielleicht vor dem Spiel die Trikots vertauscht haben . Was für eine Spielfreude auf Seiten der Duisburger . Das macht mal wieder richtig Spaß beim zuschauen .

33.min. Guter Lauf auf rechts von Engin , doch dessen Flanke semmelt Kölle hoch auf die Kurve .

35.min. Wieder Engin über rechts , aber dessen Flanke landet in den Armen des Dortmunder Keeper.

36.min. Doppelchance durch Esswein und Pledl , aber wieder kein Tor .

Jungs , lasst nicht zu viele Chancen liegen .

39.min. Diesmal über links , doch Kölles Hereingabe findet keinen Abnehmer .

42.min. Der erste ! Dortmunder Torschuß .

Mit einem 2:0 geht es in die Kabinen .

Was war das für eine Halbzeit ? Die beste Saisonleistung bisher und endlich wieder Spielfreude . Einziges Manko : Die Chancenverwertung , wie so oft .

Anstoß zu den zweiten 45 Minuten .

Duisburg unverändert .

Der BVB II kommt jetzt wacher aus der Pause und hat in der 50.min. eine erste Chance .

52.min. Satter Schuß aus etwa zwanzig Metern von Ginczek . Der Ball kracht an die Latte . Ouh Mann !

Duisburg steht weiterhin gut gestaffelt in einer Fünferund einer Viererkette .

59.min. Doppelwechsel beim MSV . Bakir kommt für den sichtlich angeschlagenen Esswein und R.Müller für Ginczek .

Heute breche ich auch mal eine Lanze für den Trainer . Ich gebe zu , ich gehörte anfangs zu den Kritikern und hätte lieber Engin Vural an der Seitenlinie gesehen . Allzu oft sah das Spiel der Zebras anfangs Ideen-und Mutlos aus . Die jüngste Umstellung aber brachte endlich den Erfolg . Nun steht man stabiler , hat mehr Sicherheit und auch das spielerische ist zurückgekehrt . So darf es gerne noch zehneinhalb Spiele weiter gehen.

69.min. Fast ein direkt verwandelter Eckball von Pledl . Der Dortmunder Schlussmann bekommt gerade noch die Faust dran .

70.min. Satter Schuss von Michelbrink , aber der Torwart klärt mit einer Glanzparade .

Jetzt sollte der MSV langsam mal den Sack zu machen. Ob diese Chancenflut bis zum Ende anhält ?

73.min. Zenga kommt für Michelbrink .

75.min. Man ist fast geneigt zu sagen , es kommt wie es kommen muss . Standard , Freistoß , Flanke , 1:2 .

Jetzt heißt es wieder unnötigerweise zittern .

Wir brauchen nun elf Marvin Knolls auf dem Platz . Mit was für einer Körpersprache und Energie der zu Werke geht , klasse .

82.min. Der Puls steigt .

In derselben Minute kann der Dortmunder Tormann einen Schuss von Kölle klären .

83.min. Was reitet denn den Dortmunder Spieler da ? Im Mittelfeld rennt der mit voller Wucht von hinten in Castaneda . Der bleibt erst mal liegen und muss behandelt werden. Das war so was von unnötig .

Der BVB II hat nach wie vor mehr vom Spiel , aber der MSV schafft es immer wieder sich zu befreien und Gegenangriffe zu setzen .

88.min. Knolls Freistoß kann der Keeper abermals parieren .

90.min. Holla , Lattenschuß vom BVB . Der Ball prallt an den Rücken von V.Müller , aber Gott sei Dank von da nicht ins Tor . Durchatmen .

5.min. Nachspielzeit werden angezeigt .

Es ist kaum auszuhalten .

Bakir vertändelt am Dortmunder Strafraum den Ball .

93.min. Die große Chance zum 3:1 . R.Müller im Alleingang , das Abspiel auf den mitgelaufenen Bakir kommt einen Tacken zu spät , da hätte er es besser selbst versucht .

94.min. Köther kommt für Pledl .

95.min. R.Müller schießt drüber , hier wäre ein Abspiel besser gewesen . Sei´s drum .

Aber immer noch nicht Schluss .

Dortmund kommt nochmal , aber diesmal kann V.Müller die Flanke abfangen.

Und dann ist Schluß . Puh , SIEG !

Abstand zum Ufer 4 Punkte .

Die Hoffnung lebt .

Insgesamt eine tolle Teamleistung und ein völlig verdienter Sieg , gerade wegen Halbzeit eins .

Alle haben abgeliefert . Ein Fleißsternchen zusätzlich haben sich heute Esswein , Pledl , Ginczek , Kölle , Engin und Knoll verdient .

$$* * *$$

Anstoß 10.03.2024 : Auch am heutigen Spieltag legt der MSV in Unterhaching wieder nach . Am Tabellenende gewann gestern Freiburg II gegen Lübeck , Mannheim holte einen Punkt bei der Viktoria aus Köln , Bielefeld gewann bei Dortmund II und Halle verlor in Münster .

Mit einem Sieg würde der Rückstand auf zwei Punkte

schmelzen , bei einem Remis immerhin noch auf vier und an eine Niederlage möchte ich gar nicht denken .

Anstoß im Sportpark Unterhaching .

An der Aufstellung hat sich gegenüber dem Dortmund Spiel nichts geändert .

Verhaltene Anfangsviertelstunde .

Auch nach einer halben Stunde noch nichts nennenswertes , außer einen nicht gegebenen Foulelfmeter für Duisburg , aber auch das ist ja mittlerweile normal . Ansonsten viele Fehlpässe auf beiden Seiten .

32.min. Die erste Torchance hat Unterhaching , doch V.- Müller kann zur Ecke klären .

37.min. Riesenmöglichkeit für den MSV . Doch nach Pass von Engin auf Ginczek , vergibt dieser kläglich aus einem Meter . Das war wieder mal eine Hundertprozentige .

Das war´s auch schon in Halbzeit eins , mit 0:0 geht es in die Kabinen .

Beide Mannschaften kommen unverändert zur zweiten Halbzeit .

46.min. Wieder eine große Chance für Duisburg . Kölles Hereingabe von links kann Engin nicht im Gehäuse unterbringen .

48.min. Eine halbe Duisburger Chance . Pledls Zuspielversuch auf Ginczek kann der Hachinger Torwart abfangen .

51.min. Diesmal auf der anderen Seite .

51.min. Und gleich nochmal Haching , Fleckstein kann im letzten Moment zur Ecke klären .

53.min. Jetzt wieder der MSV , aber Ginczeks Schuss ist zu harmlos .

62.min. Kopfballchance für U´haching , V.Müller steht goldrichtig .

64.min. Nach einem überhasteten Duisburger Schuss , der in der Abwehr hängen bleibt und zu einem schnellen Konter verarbeitet wird , fällt das 0:1 .

72.min. Wechsel MSV . Köther kommt für Esswein .
77.min. Wechsel MSV . Zenga und Bakir kommen für Engin und Michelbrink .
Duisburg kommt nicht mehr durch . Viel zu viele Fehlpässe und die Mannschaft steht insgesamt zu tief .
84.min. Nochmal Wechsel beim MSV .
Pusch und R.Müller kommen für Pledl und Castaneda in die Partie .
85.min. Wieder eine Möglichkeit für Unterhaching .
Schlussphase . Duisburg schafft es einfach nicht sich zu befreien . Die Fehlpassquote ist mittlerweile unterirdisch. Kein Pass kommt mehr an . Das 0:1 hat die Spielfreude des MSV total gelähmt . Nichts geht mehr . Es gibt vier Minuten Nachspielzeit . Vielleicht doch noch der Lucky Punch , wenigstens noch einen Punkt ? Aber ehrlich , es sieht eher nach dem 0:2 aus .
Dann ist Schluss .
Wieder mal eine große Chance vertan . Diese Niederlage hätte nicht sein müssen . Da war deutlich mehr drin .
So sind es am Ende des Tages weiterhin fünf Punkte Rückstand auf Halle . Dazu kommt das sich mit Bielefeld der wohl vorletzte erreichbare Verein über dem Strich für den MSV vorerst verabschiedet hat . Bleibt momentan nur noch Halle in der Verlosung und noch neun Spiele .

***

Anstoß 16.03.2024 : Heute steht für mich ein gaaaaanz wichtiges Spiel auf dem Programm . Zuvor aber : Bielefeld ist nach dem gestrigen 0:1 in Mannheim wieder mit in der Lostrommel für den Abstieg !
Für den MSV kann das Motto heute nur heißen : Sieg .
Saarbrücken wird wohl mit breiter Brust kommen , nachdem in der Woche das DFB-Pokalhalbfinale durch

einen Sieg gegen den Bundesligisten aus Mönchenglad-
bach erreicht wurde .
Keine leichte Aufgabe .
Gleich geht es los . Der MSV startet mit derselben Auf-
stellung wie gegen Unterhaching . Bitter hat sich nach
seiner abgesessenen Rotsperre krank gemeldet .

Eine ziemlich ereignislose Anfangsphase mit zwei Kopf-
ballchancen der Saarbrücker , aber nichts wirklich zwin-
gendes .
23.min. Wie aus dem Nichts das 1:0 für den MSV . Eine
Flanke von Engin über rechts erreicht Kölle , der mit ei-
nem Kopfball für die Führung sorgt . Das nenne ich mal
effektiv . Erste Torchance und gleich ein Tor . Prima .
Nach 30 min. eine Schusschance für die Saarländer ,
aber deutlich vorbei . Der MSV steht heute sehr gut .
Ein paar Minuten vor der Pause findet eine Hereingabe
mit anschließender Verlängerung der Saarbrücker Gott
sei Dank am langen Pfosten keinen Abnehmer .
In der Nachspielzeit der ersten Halbzeit läuft der MSV
nochmal an , doch Ginczek spielt es heute zum wieder-
holten mal nicht gut zu Ende .
Pause . 1:0 Führung .Für mich hätte es jetzt auch gerne
der Schlusspfiff sein dürfen . Ich merke wie mein Puls
steigt ,wieder mal . Zur zweiten Halbzeit kommt dann
Pusch für Ginczek , der zwar ein paar Bälle fest machen
konnte , ansonsten aber mal wieder sehr blass blieb .
47.min. Konter MSV . Esswein auf Pledl , das muss doch
das 2:0 sein . Pustekuchen . Der Saarbrücker Keeper
kann zur Ecke retten . Dieser bringt die nächste Chance ,
doch wieder kann der Torwart zur Ecke klären . Diese
bringt dann aber nichts ein .
50.min. Wieder Konter MSV , diesmal vergibt Esswein .
Der MSV und seine Chancenverwertung …

51.min. Der nächste Konter und wieder nichts .
52.min. Ecke MSV , den Kopfball von Fleckstein kann der Torwart im Nachfassen klären .
53.min. Eine Saarbrücker Ecke klärt Engin vehement . Tolle Körpersprache .
Der MSV ist hellwach aus der Kabine gekommen , spielt weiterhin sehr diszipliniert und lässt fast nichts zu .
58.min. Pusch wird kurz vor der Strafraumgrenze gefoult. Es gibt Freistoß .
60.min. Pusch legt sich den Ball zurecht und verwandelt sehenswert und unhaltbar zum 2:0 .
Duisburg bleibt dran . Zwei Anläufe über die rechte Seite verpuffen .
Noch 25 Minuten .
Die offizielle Zuschauerzahl heute : 14.063.
70.min. Doppelchance MSV . Einmal kann der Tormann klären , einmal bleibt der Ball beim Nachschuss im 16er in der Saarbrücker Abwehr hängen .
Bemerkenswert wie gut die Duisburger heute stehen , geschickt die Räume zumachen und immer wieder zu eigenen Aktionen kommen , spielerisch Lösungen finden und die Saarbrücker kein Mittel dagegen haben .
Ein richtiger Schritt und die Systemumstellung scheint immer besser verinnerlicht zu werden .
76.min. Ein Duisburger Konter wird zum Gegenkonter , das einzige Manko , so fiel schon das 0:1 vor einer Woche , doch heute steht die Abwehr sicher und stabil und kann klären .
78.min. Wieder kann der MSV im eigenen Strafraum klären .
Prima finde ich heute auch , das Schommers nicht unnötig wechselt und dadurch den Spielfluss stört .
Gibt auch keinen Grund , alle spielen heute sehr gut .
82.min. Knoll stoppt kompromisslos einen Saarbrücker Angriff . Auch hier eine eindeutige Körpersprache .

Der Kapitän ist momentan sowieso sehr gut drauf .

83.min. Einen Saarbrücker Eckball pflückt V.Müller herunter .

Irgendwie hat man das Gefühl die Saarbrücker könnten noch zwei Stunden spielen und es würde kein Tor fallen .

85.min. Wieder ist V.Müller zur Stelle . Esswein hatte zuvor unnötig den Ball im Mittelfeld verloren .

86.min. Zenga kommt für Michelbrink .

Ein Extralob geht heute an die komplette Duisburger Hintermannschaft inklusive V.Müller .

Kein Vergleich zum Angsthasenfußball am Anfang der Saison .

Und sie lösen viele Szenen von hinten raus spielerisch .

88.min. Köther kommt für Esswein .

Heute das wohl insgesamt beste Spiel der Zebras in dieser Saison .

90.+1. Wieder fängt V.Müller eine Saarbrücker Hereingabe sicher .

90.+2. Wieder ein guter Angriff aus der eigenen Abwehr heraus eingeleitet , aber Pledl scheitert erneut .

90.+3. Selbe Situation wie eine Minute zuvor , wieder vergeben .

90.+4. R.Müller kommt für Pledl in die Partie .

Das war auch die letzte Aktion .

Schlusspfiff , SIEG .

Einziges Manko ist und bleibt erneut die mangelnde Chancenverwertung .

Anmerkung : Am späten Nachmittag kassiert Halle in der siebten Minute der Nachspielzeit den Ausgleich gegen Freiburg II .

Daher der Rückstand heute : -3

***

Anstoß 31.03.2024 : Frohe Ostern !
Warum legt der DFB eigentlich alle Ligaspiele auf ein
Osterwochenende und das Länderspiel auf eine Woche
davor und nicht umgekehrt ?

1. *Hätte man so nur die Nationalelf im Einsatz .*
2. *Bräuchte man an Ostern nur ein Stadion zu füllen .*
3. *Könnten viele tausend Fans und ein paar Hundert Spieler , Ostern bei ihren Familien verbringen .*

Ach ja , Gott weiß , ich bin nicht gläubig (tolles Wortspiel) , jedenfalls nicht im herkömmlichen Sinne , also damit hat das nix zu tun .
Vielleicht sind aber auch viele froh , an Ostern eben nicht zu Hause sein zu müssen …
Ich jedenfalls bin den ganzen Tag schon kaum zu gebrauchen . Bereits kurz nach dem Aufstehen bekam ich schon mächtig Puls beim Gedanken an das heutige Spiel .
Es geht auf die Bielefelder Alm und wir beschließen den Spieltag , der bisher nicht gut für den MSV verlief . Mannheim konnte in letzter Sekunde beim BVB II gewinnen , womit dem MSV selbst bei einem Sieg der Sprung auf einen Nichtabstiegsplatz verwehrt bleibt . Wenigstens hat Halle in Regensburg verloren .
Anstoß .
Nach nicht mal einer Minute bereits die erste Chance für Bielefeld . Der Zeiger hat sich nicht mal zweimal gedreht , da kommt Bielefeld schon zur zweiten Chance und diesmal ist es verdammt knapp .
Was ist denn hier los ?
Im Gegenzug in der dritten Minute eine Doppelchance für den MSV . Was für ein Auftakt !
9.min. Die nächste Chance für Bielefeld .

Jetzt hat sich das Spiel etwas beruhigt . Beide Mannschaften stehen geschlossen . Nach 14 Minuten eine frühe gelbe Karte für Castaneda . Nach 20 Minuten das nächste Foul vom jungen Amerikaner . Ob der bis zum Ende drauf bleibt ?

23.min. Engins Flanke findet den Kopf von Ginczek , dessen Kopfball wird zur Ecke geklärt . Die bringt aber nix zählbares .

Derweil macht sich Zenga warm .

26.min. Knoll klärt jetzt eine Bielefelder Hereingabe zur Ecke .

27.min. Und die führt zum 1:0 für Bielefeld .

V.Müller kann zunächst klasse parieren , allerdings direkt vor die Beine von L.Schneider , der irgendwie den Ball mit dem Oberschenkel über die Linie drückt .

30.min. Essweins Fernschuß wird zur Ecke abgefälscht , die wieder nichts einbringt .

36.min. Erneutes Foul von Castaneda . Jetzt wird es aber höchste Zeit , den vom Feld zu holen . Glück , das er hier noch mal ohne Rot davon kommt .

Bielefeld hat mehr vom Spiel , der MSV beschränkt sich auf´s reagieren und nicht agieren und versucht sein Glück mit Kontern .

38.min. Wieder eine tolle Parade von V.Müller , heute bester MSV Akteur .

40.min. Wie erwartet , Wechsel beim MSV , Zenga kommt für den rot gefährdeten Castaneda .

Der MSV hat sich noch nicht richtig sortiert , da macht Bielefeld in der 43.Minute das 2:0 .

Mich beschleicht schon jetzt das Gefühl , das war es .

In der Nachspielzeit der ersten Hälfte , die nächste Chance für Bielefeld .

Endlich Halbzeit . Durchatmen .

Leider konnte der MSV in der ersten Hälfte zu keinem

Zeitpunkt die heutigen Erwartungen erfüllen . Zu gut sind die Bielefelder auf das MSV System eingestellt .

Anstoß zu den zweiten 45 Minuten .

Der MSV kommt zunächst besser aus der Kabine und hat mehr Spielanteile . Allerdings ist das nur von kurzer Dauer .

Ein Lob an die mitgereisten gut 3000 MSV Fans . Die machen hier richtig Alarm und supporten Erstligareif .

Sechzig Minuten sind jetzt rum . Bisher verläuft der zweite Durchgang recht ereignisarm . Der MSV schaut seelenruhig zu wie sich die Bielefelder den Ball zuspielen und so Zeit von der Uhr nehmen . Zu diesem Zeitpunkt ist kein Aufbäumen gegen die drohende Niederlage zu spüren . Es fehlen scheinbar die spielerischen Mittel , das eigene System anzupassen oder umzustellen . Viel zu passiv und ohne Ideen für mein empfinden .

65.min. Impuls von der Bank . Ginczek und Senger verlassen den Platz , dafür kommen Pusch und Bitter in die Partie .

Auch nach knapp 75 Minuten nichts nennenswertes , das Spiel ist jetzt irgendwie zerfahren . Bielefeld tut nicht mehr als nötig und der MSV kann es heute einfach nicht besser oder anders spielen .

75.min. Jetzt gehen Michelbrink und Esswein runter . R.Müller und Köther übernehmen .

Aber viel passiert hier nicht mehr . Alle Versuche verpuffen . Das Spiel verkommt jetzt zu einem mehr als harmlosen Kick und das vor dem Hintergrund , das der Rückstand aktuell 5 Punkte beträgt . Nach dem Spiel verbleiben dann nur noch sieben Versuche. Hartes Brett .

Die Hoffnung schwindet einmal mehr , wenigstens ist der Puls gerade wieder auf Normalniveau .

Die Nachspielzeit beginnt . Alles wie gehabt , dann erlöst mich endlich der Schiedsrichter nach 90. + 6. Minuten mit dem Schlußpfiff .Hier war heute zurecht nichts , aber *auch gar nichts zu holen .*

***

Anstoß 07.04.2024 : Ab heute verzichte ich auf die Spielergebnisse der anderen Vereine . Der Grund : Für mich beginnt ab jetzt die Abschiedstour unserer Zebras aus der 3.Liga auf unbestimmte Zeit . Die Hoffnung ist höchstens ein Jahr , aber zahlreiche Vereine haben es uns in den letzten Jahren negativ vorgemacht , das es durchaus länger dauern kann .
Der Grund für all das liegt vor unserem Derbyspiel in Essen darin , das wir aktuell wieder acht Punkte Rückstand auf das rettende Ufer haben .
Trotzdem tut das alles gerade richtig weh und in mir ist mit Blick auf den MSV eine riesengroße Leere .
Anstoß.
Die Anfangsviertelstunde ist rum . Bisher eher ereignisarm , Essen hat deutlich mehr Spielanteile . Der MSV reagiert mal wieder nur anstatt selber zu agieren .
Das gleiche Bild nach einer halben Stunde .
37.min. Aus dem nichts das 1:0 für den MSV durch Esswein , nach Vorarbeit von Engin .
Man muss zu diesem Zeitpunkt jedoch ehrlich sein , der Führungstreffer stellt den Spielverlauf hier völlig auf den Kopf . Dürfte uns gerade egal sein .
41.min. Fast postwendend der Ausgleich , als ein Essener im Strafraum der Zebras völlig frei zum Kopfball kommt . Zum Glück geht der Ball übers Tor .
45.+2.min. Dann passiert es doch . Mit dem Pausenpfiff kommt Essen zum 1:1 .
Anstoß zur zweiten Halbzeit .
47.min. Die erste Chance gehört Essen , V.Müller kann klären .

70

49.min. Ginczeks Schuß kann Golz zur Ecke klären .

57.min. 2:1 für Essen . Nach einer Ecke kann die Duisburger Abwehr nur kurz klären , aus 16 Metern schlägt der Ball unten links ein .

69.min. Erneut die Chance für Essen .

70.min. Ginczek hat die große Chance auf den Ausgleich, doch er lässt sie (mal wieder) kläglich verstreichen .

Der anschließende Gegenzug endet im Fiasko . V. Müller kann im Strafraum nur durch ein Foul den Essener Spieler stoppen . Es folgt der Elfmeterpfiff und die fünfte gelbe Karte der Saison für V.Müller .

72.min. Elfer verwandelt , 3:1 .

73.min. Pusch kommt für den wieder mal enttäuschenden Ginczek .

75.min. Schußchance für den MSV . Bezeichnend , aus etwa zehn Metern geht der Ball um eben diese zehn Meter über das Tor .

Wie sagte der Magenta Sport Reporter gerade so treffend ? Der ungefähre Wortlaut : „Die vielen Fehler der letzten Jahre , irgendwann muß man dafür die Zeche zahlen ."

Auf dem Platz passiert derweil nichts . Kein Aufbäumen unserer Jungs .

85.min. ! Girth (war der nicht schon ausgemustert ?) kommt nach gefühlten zehn Minuten an der Seitenlinie für Bitter in die Partie .

Die Luft ist raus .

87.min. Senger ! kommt für Pledl .

Ich habe heute keinen Bock mehr , anscheinend genauso wie die Spieler . Das alles ist nur noch zum kotzen .

Boa , jetzt gibt es auch noch vier Minuten Nachspielzeit . Muss das sein ?

90.+4. Der Schlußpunkt , 4:1 für Essen . Abpfiff .

Regionalliga West , wir kommen .

Galgenhumor , heul .

***

Abpfiff 08.04.2024 : *Eine Nacht drüber geschlafen . Das alles ist einfach nur traurig . Dennoch handelt es sich hier „nur" um Fußball und das Leben geht trotzdem weiter , nur eben eine Etage tiefer .*

Die Gedanken kreisen . Warum wurde unser bester Scorer nach der letzten Saison vor die Tür gesetzt ?

Warum durfte Engin Vural nicht weiter machen , nachdem ein klarer Aufwärtstrend zu erkennen war ?

Warum tätigt man immer wieder sogenannte Königstransfers , obwohl die uns so gut wie nie weiter gebracht haben ?

Nachdem der Trainer die Systemumstellung vornahm , lief es etwas besser , mittlerweile kennen das die Gegner und stellen sich sehr gut darauf ein .

Alternativideen ? Mangelware !

Kurz konnte ich mich mit Schommers als Trainer anfreunden , doch die Aussagen nach dem Bielefeldspiel und die wieder mal völlig unsinnigen Wechsel in Essen (wieder mal , wie so oft) , lassen mich zweifeln , ob er der richtige Mann für den Neuaufbau wäre . Das ist für mich eine Stellschraube , an der gedreht werden muß . Ebenso sollte sich nun auch der Präsident hinterfragen . Die zahlreichen Fehlentscheidungen seit dem unnötigen Zweitligaabstieg 2019 und dem anschließend verpassten Aufstieg 2020 tragen zur aktuellen Situation beim MSV einen ganz erheblichen Anteil bei .

Ja , ich weiß , es ist immer einfach in einer solchen Situation nachzutreten . Ich glaube auch das unser Präsident alles gute für unseren MSV möchte und immer mit vollem Einsatz und im besten Wissen und Gewissen gehandelt hat . Aber irgendwann muss auch er sich eingestehen , das es so nicht mehr weiter gehen kann .

Der erste wichtige Schritt ist meiner Meinung nach mit der Verpflichtung von Michael Preetz gemacht worden .

Der kennt sich in der Szene bestens aus . Ob er unserem Verein hilft , wird die Zukunft zeigen . Schlechter kann es jedenfalls nicht werden .
Ich bin schon jetzt gespannt , was die nächsten Wochen und Monate so alles beim MSV passiert und wie es letztlich weiter geht .

***

Anstoß 12.04.2024 : Zwei Tage nach der JHV in Duisburg , bei der ein Minus von etwa drei Millionen Euro für das Geschäftsjahr 2022/23 verkündet wurde (eine ganz schön erschreckende Zahl , welche u.a. zeigt was dritte Liga für den MSV bedeutet) . Andererseits aber auch nichts neues , denn diese Zahl wurde schon öfters als Minus für eine Saison in der dritten Liga beim MSV genannt . Außerdem strebt Präsident Ingo Wald eine außerordentliche Mitgliederversammlung an , bei der als einziger Tagesordnungspunkt die Neuwahl des Vorstandes auf dem Programm stehen soll !
Anpfiff zum Do-or-Die Spiel unserer Zebras gegen Mannheim . Freitagabend , Flutlichtspiel .
4.min. Ein erster Schuß von Pledl auf das Mannheimer Tor wird zur Ecke geklärt . Diese bringt zunächst nichts ein und der zweite Ball der Duisburger wird abgefangen und führt zu einem Konter , als Engin ausrutscht .
6.min. Nächste Ecke für den MSV . Wieder nichts zählbares .
8.min. Zum ersten mal muß sich Braune (als Vertreter für den gelb gesperrten V.Müller) lang machen .
9.min. Erneute Möglichkeit für Pledl , doch die große Chance zur Führung bleibt ungenutzt .
Gute Anfangsphase der Duisburger .
16.min. Dritter Eckball für den MSV . Puschs Hereingabe köpft Bitter am Kasten vorbei .

Nach einer knappen halben Stunde hat sich das Spiel etwas beruhigt .

32.min. Freistoß für den MSV von der halbrechten Seite . Die Hereingabe von Pusch verlängert Boyd ins eigene Netz . Uns kann es recht sein . 1:0

Und Duisburg jetzt wieder spielbestimmend , aber der letzte Ball kommt wie schon so oft in dieser Saison nicht an .

41.min. Jetzt eine Chance für Mannheim . Ein Freistoß segelt in den MSV-Strafraum, der anschließende Kopfball geht zum Glück über das Tor .

42.min. Kontermöglichkeit für den MSV , diesmal läßt Pusch schon fast fahrlässig liegen . Schlimmer noch , daraus entwickelt sich ein Gegenkontor , ebenfalls wie so oft , der fast den Ausgleich bringt . Das war Glück .

Drei Minuten Nachspielzeit . Wäre gut und wichtig , dieses 1:0 mit in die Kabine zu nehmen .

45.+2. Nochmal eine Möglichkeit der Zebras , doch erneut kommt der letzte Ball nicht .

Pause . Führung . Durchatmen .

Duisburg kommt unverändert zur zweiten Halbzeit auf das Feld .

60.min. Schnelles Umschaltspiel , eingeleitet von Braune , aber Pledl bekommt den Ball im Mittelfeld nicht unter Kontrolle .

62.min. Pledl ist links durch und kann nur durch ein taktisches Foul gestoppt werden . Es gibt zwar gelb , die Chance ist jedoch futsch und der anschließende Freistoß bleibt ohne Folgen .

64.min. Jetzt ist Braune in höchster Not zur Stelle . Der junge Keeper macht ein sehr gutes Spiel heute . Prima das der auch beim Abstieg bleibt .

69.min. Der Ausgleich ! Was für ein Pech . Diesmal ein Eigentor von Fleckstein .

74.min. Ginczek und Köther kommen für Michelbrink und Esswein . Für mich wieder mal unverständlich . Duisburgs Beste neben Braune und Castaneda gehen runter .
76.min. Ginczek verliert direkt mal den Ball und leitet damit einen Konter der Mannheimer ein . Puh , das wäre fast ins Auge gegangen .
78.min. Feltscher kommt jetzt für Bitter in die Partie .
85.min. Ein gefährlicher Mannheimer Freistoß . Es bleibt beim 1:1 .
87.min. R.Müller kommt ins Spiel und ersetzt Engin . Gelingt dem MSV noch der Lucky Punch ?
Das Unentschieden wäre wohl zu wenig .
89.min. Schuß von Köther . Abgewehrt . Nochmal Ecke für den MSV . Ohne Gefahr .
Jetzt gibt es nochmal vier Minuten obendrauf .
90.+1. Ein Fallrückzieher von Pusch ist zu harmlos .
90.+3. Noch eine Ecke für die Zebras . Der anschließende Kopfball ist ebenfalls zu harmlos .
90.+4. Und noch eine Ecke . Wieder Kopfball . Weit über das Tor .
Dann ist Schluß , es bleibt beim 1:1 .
Eines der besseren Spiele des MSV , leider bleibt die Belohnung in Form von drei Punkten aus .

∗∗∗

<u>Anstoß 20.04.2024</u> : Nun ist die Zeit gekommen , in der ich mir relativ emotionslos die restlichen Drittligaspiele unseres MSV anschauen werde . Das liegt natürlich daran , dass ich keine Hoffnung mehr auf den Klassenerhalt habe , leider . Hege auch keinen Groll mehr , dafür hat sich dieser Abstieg nun zu lange angekündigt .

Und ehrlich , es steigt schon ein wenig die Vorfreude auf die neue Spielzeit , in der die Mannschaft und sicherlich auch noch andere Bereiche im Verein , ein neues Gesicht bekommen werden . Damit geht natürlich die Hoffnung auf eine bessere Zukunft einher . Mal sehen was sich so die nächsten Wochen ergibt .

Gerade sind knapp sieben Minuten gespielt und Ingolstadt geht 1:0 in Führung .

Wen aus der aktuellen Mannschaft möchte ich eigentlich noch in der neuen Saison wiedersehen ? Braune und Yavuz haben ja gültige Verträge für die Regionalliga . Zwei Jungs mit Potential , ohne Frage und die beiden finde ich auch gut . Ohne zu spekulieren was machbar ist oder nicht . Ich weiß , mancher wird auch gar nicht zu halten sein . Gut leben könnte ich mit Castaneda , Michelbrink , Kölle und Inanoglu . Dazu wäre Knoll als Führungsspieler mit Vorbildfunktion wünschenswert . Eventuell noch ein Robin Müller , der sein Können kaum unter Beweis stellen konnte , aber ich denke , für die Regionalliga sicher eine Option . Dazu noch der eine oder andere A-Jugendspieler aus den eigenen Reihen .

Und einen Wunsch habe ich , bitte keine abgehalfterten oder vorher Langzeitverletzte Profis mehr . Damit sind wir die letzten Jahre nur schlecht gefahren . Ebenso mit den Spielern die einen vermeintlich großen Namen haben oder eine namhafte Vergangenheit . Auch das ging meistens schief .

Junge , hungrige Spieler wünsche ich mir , die sich zu 100 % mit dem MSV und dem Pott identifizieren .

Zurück zum Spiel .

11.min. Während das 0:1 über links eingeleitet wurde , fällt mit einer Kopie dieses Angriffs , diesmal nur über rechts , fast das 0:2 .

16.min. Ein Knoll Freistoß wird zur Ecke geklärt .

Der Kopfball nach der geschossenen Ecke geht über das Tor .

Etwas über zwanzig Minuten gespielt und der MSV kommt nicht in die Partie . Die Ingolstädter sind weiter spielbestimmend .

24.min. Knoll angeschlagen , offenbar ohne Gegnerein-wirkung . Aber es geht für ihn weiter .

Ingolstadt macht gefühlt nicht mehr wie nötig und der MSV kann es momentan einfach nicht anders oder besser spielen . Bemüht , aber ohne Gefahr zu entwickeln .

33.min. Ballverlust kurz vor dem eigenen Strafraum , scharfer Schuß der Schanzer , V.Müller ist zur Stelle und klärt zur Ecke .

40.min. Jetzt mal eine Chance für den MSV durch Köther . Der Ball wird zur Ecke abgefälscht .

Pausenpfiff .

Duisburg kommt jetzt besser ins Spiel zu Beginn der zweiten Hälfte .

54.min. Wieder wird ein Duisburger Schuß zur Ecke ge-klärt .

55.min. Michelbrinks Hereingabe wischt über den Schei-tel von Pledl und wird geklärt .

Gute Aktionen vom MSV , jedoch das gewohnte Bild in dieser Spielzeit , der entscheidende Pass ist dann zu un-genau .

61.min. V.Müller hält den MSV mit einer exzellenten Pa-rade im Spiel . Das war knapp .

63.min. Erster Wechsel . Engin kommt für Pusch .

Jetzt wieder Ingolstadt im Vorwärtsgang .

70.min. Distanzschuß der Ingolstädter .

Zu diesem Zeitpunkt machen die Zebras eindeutig zu wenig .

72.min. R.Müller kommt für Michelbrink in der Partie .

75.min. Schuß aus 16 Metern , V.Müller klärt den dank-baren Ball zur Ecke .

76.min. Es kommt was kommen muss . Standard , Ecke , 0:2 ! Das war es dann wohl endgültig .
Mal sehen was jetzt passiert ? Zeigt die Mannschaft nochmal Charakter ?
77.min. Chance für Engin , wieder nur Eckball .
Ja , und ein aufbäumen oder sich dagegen stemmen ist absolut nicht erkennbar .
Angesichts der Situation wohl auch nicht weiter verwunderlich .
84.min. ! Wechsel MSV . Senger ! Kommt für Köther .
86.min. Ein Konter der Ingolstädter wird gerade noch geklärt .
Duisburg im Gegenzug . Senger verpasst die scharfe Hereingabe in der Mitte knapp .
88.min. Ecke Duisburg . Kopfball , vorbei .
90.min. Ein weiterer Duisburger Versuch wird geblockt .
90.+2. Fast noch das 0:3 , wieder ist V.Müller zur Stelle . Dann ist endlich Schluß .

*** *

Abseits 24.04.2024 : Aufbruchstimmung beim MSV ?
Was sich angedeutet hatte , wurde gestern zur Realität . Trainer Boris Schommers und die beiden Co-Trainer Philipp Klug und Sidney Sam sind beurlaubt worden . Hätte man vielleicht schon zu einer Zeit machen sollen , als der Rückstand auf die Nichtabstiegsplätze weniger Punkte betrug . Sei es drum . Der erste Schritt zum Neuanfang ist nun vollzogen . So kann im Hintergrund der kommende Trainer , so er denn schon feststehen sollte , vielleicht noch ein wenig Einfluß auf die Kaderzusammenstellung für die neue Spielzeit nehmen .

*** *

Abseits 26.04.2024 : Heute habe ich das Geburtstags-geschenk meines Sohnes und dessen Freundin eingelöst und für ihn und mich zwei Karten für das Spiel am 12.05.2024 gegen Aue besorgt . Damit werde ich das erste mal seit dem 04.08.2002 wieder ein Spiel des MSV Live und vor Ort besuchen . Zu diesem Zeitpunkt war mein Sohn , mit dem ich jetzt das Spiel besuche , gerade mal knapp sieben Monate alt .
Außerdem ist es für mich der erste Besuch des „neuen" Stadions . Bei meinem letzten Livespiel hieß das nämlich noch Wedau-Stadion und nicht Schauinsland-Reisen-Arena .

∗∗∗

Anstoß 27.04.2024 : Das wohl vorerst vorletzte Drittliga-heimspiel gegen den SV Sandhausen steht heute an . Im Magenta TV Interview vor dem Spiel ist Michael Preetz Gesprächspartner . Sachlich , ruhig und selbstreflektiert stellt er sich den Fragen des Reporters .
Ich empfinde das als sehr wohltuend und hoffe , er kann nun in Duisburg in aller Ruhe das Unternehmen Neuauf-bau mit all seinen Facetten in Angriff nehmen . Mit aller Ruhe meine ich nicht den Zeitfaktor , sondern das ge-samte sportliche Umfeld .
Anstoß hat der MSV .
An der Seitenlinie einmal mehr der gute Uwe Schubert als Interimscoach .
Ein Fingerzeig für die Zukunft : Als Nummer 1 steht heu-te Braune zwischen den Pfosten . Außerdem ist Girth in der Startelf . Ein Name , den man die letzten Monate ei-gentlich gar nicht mehr vernommen hatte .
Nach gut zwei Minuten gehört die erste Aktion dem SVS .
Knoll fälscht den Ball zur Ecke ab .
5.min. Nächste Aktion der Sandhausener , noch ohne

Erfolg . In der gleichen Minute der nächste frühe Ballverlust auf Seiten des MSV . Die anschließende Flanke bleibt
ungefährlich .

7.min. Jetzt hat auch der MSV seinen ersten Angriff .
Pledls Flanke führt fast zum 1:0 , aber ein Abwehrspieler
köpft den Ball knapp am eigenen Tor vorbei zur Ecke .

Die kommt in den Strafraum und Girth handelt sich ein
gelbe Karte ein , als er beim Fallrückzieherversuch seinen Gegenspieler am Kopf trifft .

Danach hat Pledl noch in der vierzehnten Minute einen
eher schwachen Abschluß .

Nach gut fünfzehn Minuten hat der MSV mehr vom Spiel.

17.min. Pledls scharfe Hereingabe wird zur nächsten
Ecke geklärt . Die bringt ebenfalls Pledl , Knolls Schuß
geht am Kasten vorbei .

20.min. Nach Foul von Pledl im eigenen Strafraum gibt
es Elfmeter für Sandhausen .

21.min. Braune hält . Superjunge .

Jetzt übernimmt allerdings Sandhausen das Spiel . Eine
Vielzahl von Flanken findet jedoch nicht den Weg ins
MSV-Gehäuse .

28.min. Jetzt mal wieder der MSV im Vorwärtsgang .
Kölles Hereingabe ist zu ungenau .

In der gleichen Minute , ein schneller Gegenstoß der
Duisburger durch Engin . Dessen Hereingabe führt zu einem Handelfmeter für den MSV .

29.min. Esswein verwandelt sicher , 1:0.

32.min. Foul an Engin am Sechzehner , der Schiedsrichter läßt Vorteil laufen , da der Ball zu Girth kommt . Dessen Drehschuß schlägt links ein . 2:0 .

39.min. Duisburg bleibt dran . Wieder Engin , dessen
Hereingabe bringt den nächsten Eckball .

44.min. Wieder ist Braune zur Stelle , mit einer Glanztat
verhindert er den Anschlußtreffer kurz vor dem
Seitenwechsel . Bravo !

80

Kurz vor der Pause dann noch zwei gute Aktionen des MSV . Beide über die rechte Seite in der Person von Engin , nur leider ohne Erfolg .
Mit einer 2:0 Führung geht es in die Kabinen .

Halbzeit-Einwurf: Übrigens wäre es nicht der erste Abstieg des MSV in den Amateurbereich . 1986 stieg man sang- und klanglos aus der zweiten Liga in die Oberliga Nordrhein ab . Dort dauerte es drei Jahre , ehe man in den bezahlten Fußball zurückkehrte . Im ersten Jahr konnte man zumindest als Trostpflaster den Titel des Deutschen Amateurmeisters einheimsen . Im zweiten Jahr wurde man dann Meister , scheiterte aber in den Aufstiegsspielen denkbar knapp . Ein Jahr später machte man es besser und stieg in die zweite Liga auf . Im Ligaalltag der Oberliga hießen die härtesten Gegner jener Jahre BVL 08 Remscheid , Wuppertaler SV und ETB SW Essen .

Anstoß zu Halbzeit zwei .
46.min. Die nächste Glanztat von Braune . Im eins gegen eins klärt er gegen Maciejwski .
Was macht der Junge für ein Spiel heute.
50.min. Schuß von Michelbrink aus etwa achtzehn Metern , gut einen Meter rechts vorbei .
Duisburg bleibt jetzt,abgesehen von der Schrecksekunde nach Wiederbeginn, spielbestimmend . Das wandelt sich nach gut zehn Minuten im zweiten Durchgang wieder zugunsten des SVS .
55.min. Dicke Möglichkeit für Sandhausen . Erst klärt erneut Braune , den Nachschuß dann Fleckstein auf der Linie .
56.min. Wieder ist Braune zur Stelle .
60.min. Ein Freistoß von Sandhausen bleibt ohne Folgen .

61.min. Inanoglu kommt für Girth in die Partie .

67.min. Jetzt verlässt Michelbrink angeschlagen den Platz , für ihn kommt Stierlin .

70.min. Inanoglu über rechts , Ablage auf Pledl , dessen Schuß geht drüber .

73.min. Der 1:2 Anschlußtreffer . Diesmal ist Braune chancenlos .

76.min. Feltscher , Bakir und Köther , lösen Engin , Esswein und Pledl ab .

Sandhausen bleibt jetzt spielbestimmend . Der MSV hält jedoch kämpferisch und mit viel Leidenschaft dagegen und kommt immer wieder zu Entlastungsangriffen .

So einer führt in der 82.min. zu einem Freistoß , den Bakir super in den Sechzehner bringt . Bitter springt am höchsten und vollendet per Kopf zum 3:1 .

Das was ich zuletzt so sehr vermisst habe , zeigt der MSV heute über die gesamten neunzig Minuten .

Wille , Einsatz , Moral und Charakter !

Heute kämpft hier jeder für jeden .

Sandhausen läuft weiter an , aber ohne zwingende Aktionen .

Die Nachspielzeit läuft bereits .

90.+6. Noch einmal eine Glanztat vom Teufelskerl Braune . Der hält das 3:1 fest .

Dann ist Schluß .

10.789 Zuschauer erlebten das Spektakel heute live ın der Arena .

Was für ein Spiel und was für eine Leistung unserer Zebras ! Ein paar mehr solcher Spiele und das Abstiegsszenario hätte wohl vermieden werden können . Deshalb bleibt trotzdem die Wehmut , denn der Abstieg scheint nur vertagt zu sein . Nach diesem Spiel heute , tut diese Tatsache ganz besonders weh .

***

Anstoß 03.05.2024 : *Der MSV ist heute im Stadion an der Lohmühle beim VfB Lübeck zu Gast .*

Es gibt eine Änderung in der Startelf , Stierlin rückt für den gelbgesperrten Michelbrink ins Team .

2.min. Die erste Möglichkeit des Spiels gehört dem VfB , ein Kopfball aus etwa elf Metern geht knapp am MSV-Gehäuse vorbei .

8.min. Lübeck , in der Anfangsphase das agilere Team , kommt zur nächsten Chance . Braune ist mit dem Fuß zur Stelle . Beim Nachschuß geht Knoll zu Boden und muss behandelt werden . Für ihn geht es anschließend weiter .

Man merkt hier deutlich , das Lübeck , deren Abstieg seit letzter Woche feststeht , wesentlich befreiter zu Werke geht. Das Duisburger Spiel ist klar nervöser .

18.min. Wie aus dem Nichts das 1:0 für den MSV . Zuspiel von Castaneda auf Girth , der zieht aus gut 18 Metern satt ab und der Ball schlägt unten rechts ein .

24.min. Engin mit der Möglichkeit , am kurzen Pfosten klärt der Lübecker Keeper .

26.min. Ein Lübecker Angriff bleibt letztlich ohne Gefahr . Bei einem unglücklichen Zweikampf verletzt sich Bitter am linken Knie und muß ausgewechselt werden . Das sieht nicht gut aus .

Für ihn kommt in der 35.min. Feltscher in die Partie .

45.min. (+1.?) Gerade als ich schreiben wollte , nach dem Führungstreffer der Zebras kommt von Lübeck nicht mehr viel , fällt das 1:1 .

Und es geht noch weiter .

45.+2.min. Noch eine Chance für Lübeck .

45.+4.min. Eckball für den VfB , ohne Ertrag .

45.+5.min. Was ist jetzt hier wieder los mit den Zebras ? Wieder kommt Lübeck , Knoll kann klären .

Pausenpfiff .

Wechsel zur zweiten Halbzeit auf Seiten der Duisburger .
Bakalorz , Bakir und Köther kommen für Pledl , Stierlin
und Esswein .
Anstoß hat jetzt der MSV .
48.min. Wir gehen erneut in Führung . Ein Angriff über
links . Kölle legt ab auf Köther , der leitet weiter und
Girth schnürt den Doppelpack .
So schlecht der MSV die erste Halbzeit abgeschlossen
hat , so gut startet er in Halbzeit zwei .
Jetzt verletzt sich Girth . Wenn es läuft , dann läuft es …
Auch für ihn geht es nicht mehr weiter . Ginczek macht
sich bereit und kommt in der 53.min. ins Spiel . Damit
hat der MSV allerdings auch sein Wechselkontingent
ausgeschöpft .
56.min. Gut eingeleitet von Feltscher , der den Ball
rechts raus auf Engin spielt . Dessen Flanke köpft
Castaneda fast ungehindert aus gut fünf Metern zum 3:1
ein .
60.min. Schuß von Lübeck , Braune kommt noch mit den
Fingerspitzen an den Ball und kann zur Ecke klären .
61.min. Nächste Möglichkeit der Marzipanstädter , wieder
ist Braune zur Stelle.
65.min. Knoll klärt im letzten Moment zur Ecke .
68.min. Es kommt nun wie es kommen muß , der
Anschlußtreffer zum 2:3 .
73.min. Weiter geht's . Der Ausgleich zum 3:3 . Vorher
hatte Knoll ohne Not zur Ecke geklärt , da fehlte
eindeutig die Absprache in der Hintermannschaft .
Der Eckball kann zwar geklärt werden , jedoch schaffen
es die Meidericher nicht , den Ball aus der Gefahrenzone
zu bekommen . Der zweite Ball kommt an und schlägt
ein. Unglaublich .
77.min. Das darf doch alles nicht wahr sein . 4:3 für
Lübeck . Duisburg verfällt wieder in alte Muster .
Die letzten gut zwanzig Minuten hatte ich mich noch über

die drei , vier unglücklichen bzw. unnötigen Niederlagen in dieser Saison geärgert und mal kurz gerechnet wo man bis zum 3:1 aktuell hätte stehen können und dann das . Wie kann man in dieser Situation innerhalb von nicht mal zehn Minuten einen zwei Tore Vorsprung herschenken ?

85.min. Und das ganze mal wieder ohne wirkliche Gegenreaktion . Erst jetzt kommt Duisburg mal wieder vor das Lübecker Tor . Der Eckball , der bei diesem Angriff raus springt , bringt nichts ein .

89.min. Lübeck mit der Chance den Sack zuzumachen . Der Kopfball geht drüber .

90.+2.min. Wieder Lübeck . Wo bitte bleibt die Duisburger Gegenwehr , der Wille , einfach alle Tugenden , die man jetzt erwartet ?

In der gleichen Minute der nächste Lübecker Angriff . Castaneda foult im eigenen Strafraum . Es ertönt der Elfmeterpfiff . Kotz ! Es passt einfach alles zusammen , nur halt im negativen Sinne . Schöne Scheiße !

Danke . Bitte .

90.+3.min. Lübeck verwandelt und macht den Deckel drauf .

Aber natürlich ist immer noch nicht Schluß mit der Qual . Der nächste Lübecker Angriff . Pfostenschuß .

90.+7.min. Endlich ertönt der Schlußpfiff . Heute bin ich restlos bedient .

Am besten jetzt erst mal die sozialen Medien meiden .

Sich nach einer zwei Tore Führung und in Anbetracht der prekären Tabellensituation so abschlachten zu lassen , grenzt fast schon an Arbeitsverweigerung !

***

Abpfiff 05.05.2024 : *Seit kurz nach 21.15 Uhr ist es nun amtlich , der MSV spielt in der nächsten Saison in der Regionalliga West !*

Obwohl es sich ja eigentlich schon lange abgezeichnet hatte , ist da gerade eine große Leere und das weiß-blaue Herz schmerzt . Nun heißt es Mund abputzen und so ziemlich alles auf Null .

Wie schon erwähnt , versuche ich trotz allem dem ganzen etwas positives abzugewinnen .

Es muß und wird sich in den kommenden Wochen wohl einiges tun bei unserem Meidericher Spielverein .

Ich bin gespannt , wie die außerordentliche Mitglieder-versammlung ausgehen wird ?

Ich bin gespannt , was Michael Preetz (für mich ein absoluter Hoffnungsträger) nun bewegen kann und darf ? Nur er allein wird es auch nicht schaffen .

Ich bin gespannt , ob die Vereinsführung es schafft an einem Strang zu ziehen ?

Ich bin gespannt , wer nun Trainer beim MSV wird ?

Ich bin gespannt , wie die neue Mannschaft aussehen wird ? Wer bleibt , wer geht ?

Ich bin gespannt , wie der MSV die Regionalliga West annehmen wird ?

Ich bin gespannt , wie sich der Verein nun insgesamt aufstellen wird ?

Last but not least , sehe ich nun aber auch die Chance , den Verein in Richtung Zukunft mit all seinen Herausforderungen , neu aufzustellen .

Und wenn noch so oft vom Traditionsverein die Rede ist , der Wandel im Fußball ist nun mal allgegenwärtig . Tradition hat da (leider) keinen Platz mehr . Ich persönlich finde das sehr Schade .

Das ist der Lauf der Zeit und wohl auch nicht mehr umkehrbar .

Hoffen wir das es den Verantwortlichen gelingt , den MSV Zug wieder auf das richtige Gleis zu stellen , dann spielen wir eines Tages vielleicht auch mal wieder Bundesliga , zumindest aber als solider Zweitligist eine kleine Rolle auf der Fußballbühne in Deutschland .

***

Spieltag 12.05.2024 : Heute ist es endlich soweit . Nach sage und schreibe über 21 Jahren sehe ich den MSV mal wieder live vor Ort . Das letzte mal war das ja am 04.08.2002 zur Saisoneröffnung gegen S04 der Fall .
Da noch im alten Wedau-Stadion mit Haupttribüne , Nordkurve , Marathontor und Laufbahn .
Mein Sohn , mit dem ich das Spiel besuche , war damals gerade etwas über ein halbes Jahr alt .
Junge , wie die Zeit vergeht !
Es geht also heute nach Duisburg in die Schauinsland-Reisen-Arena , ein reines Fußballstadion , auch das ist eine Premiere für mich .
Mein Tag beginnt um 7.45 Uhr . Eigentlich hatte ich mir den Wecker auf 8.02 Uhr gestellt . Ein wenig Aberglaube wird ja wohl erlaubt sein und 19.02 Uhr wäre etwas zu spät gewesen . Ein menschliches Bedürfnis verkürzte meine Schlafenszeit um siebzehn Minuten .
Nachdem ich mich dann fertig gemacht hatte , begab ich mich mit meiner Frau auf den Weg . Zunächst zur Bank um für das nötige Kleingeld für heute zu sorgen , anschließend zum gut 15 Kilometer entfernten Treffpunkt mit meinem Sohn , der mittlerweile nicht mehr zu Hause wohnt , beim Goldenen M . Meine Frau setzte mich ab und chauffierte unser Auto wieder nach Hause .
Für die Weiterfahrt nach Duisburg zeichnet sich heute

mein Sohn verantwortlich .
Das ganze findet ja im Rahmen meines Geburtstagsgeschenkes statt , da mein Sohn und dessen Freundin , mir ein Besuch eines MSV Spiel nach Wahl geschenkt hatten.

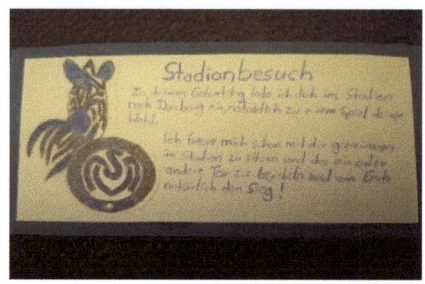

Nach einem kleinen Frühstück machen wir uns um kurz nach zehn Uhr auf den gut 200 Kilometer langen Weg . Autobahnauffahrt Herborn-Süd , A45 Richtung Norden . Am Kreuz Olpe-Süd auf die A4 , Richtung Köln . Wechsel auf die A3 um dann vom Navi wegen Stau kurz vor Leverkusen auf die B8 geschickt zu werden . Erstmal nur Schneckentempo , könnte knapp werden bis Spielbeginn. Irgendwann geht es zurück auf die A3 und über die A 524 auf die A59 , bis wir gegen 12.30 Uhr an der Ausfahrt Duisburg Wedau ankommen . Geschafft !

Heimat ! Auch wenn wir heute nicht die Zeit haben einen Abstecher nach Marxloh und Hamborn zu machen , es fühlt sich wieder so gut an . Es ist immer noch eine Art „Nach Hause kommen" . Ich spüre die Wurzeln , die ich hier habe und mir kommen wieder viele Bilder und Emotionen aus Kindertagen in den Sinn .

Jetzt noch parken und zum Shop . Längere Schlange , Wartezeit , endlich rein , ein paar Souvenirs , ein paar schnelle Fotos vom Stadion und nochmal zurück zum Auto . Shopsachen lagern , Trikots an und wieder los . Eingang , was zu trinken besorgen , auf zu den Plätzen . Angekommen , Blick zur Uhr , 13.18 Uhr .

Perfektes Timing bei bestem Fußballwetter .

Anstoß .

Das Spiel selber plätschert die erste halbe Stunde so vor sich hin . Die Stimmung ist ...... nicht vorhanden .

11.508 Zuschauer . Leider bleibt der Support aus .

Es gibt nur „Absteiger" Rufe , Pfiffe und ein paar mal ein „Wir sind Duisburger und ihr nicht „ . Die paar mitgereisten Aue Fans haben das Stadion Stimmungstechnisch im Griff und verhalten sich vorbildlich .

Einzig die 12.Spielminute sei erwähnt . Pledl muß verletzt runter . Später entpuppt sich dessen Verletzung als Kreuzbandriss . Gute Besserung .

Als kurz vor der Pause das 0:1 fällt , skandieren die Fans „Oh wie ist das schön........." und jubeln mit den Aue-Anhängern .

Nach der Pause gibt es einen kurzen Schlagabtausch .

Zunächst sorgt Esswein nach Vorarbeit von Köther für den Ausgleich in der 57.Minute. Vier Zeigerumdrehungen später geht Aue per Freistoß wieder in Führung . Nach drei weiteren Minuten wird Kölle im Strafraum gefoult und Engin verwandelt den fälligen Strafstoß zum 2:2 . Danach beruhigt sich das Spiel etwas und es gibt noch die eine oder andere Chance auf beiden Seiten .

Dann die 83.Spielminute .

Ein paar unverbesserliche öffnen auf der Nordtribüne ein Tor und dringen in den Innenraum ein . Es kommt zu unschönen Szenen , näher möchte ich hier nicht darauf eingehen . Das hat mit Fußball nichts mehr zu tun und ist eine Schande für Duisburg . Es folgt eine 67 minütige Spielunterbrechung . Gegen 16.15 Uhr pfeift der Schiedsrichter die restlichen sieben Minuten wieder an . Beide Mannschaften haben noch Gelegenheiten zum Siegtreffer . Letztlich bleibt es beim 2:2 .

Wir nutzen nach Abpfiff noch die Möglichkeit uns im Stadion umzusehen , ein paar Bilder zu machen und machen uns dann auf die Heimfahrt .

Das schönste Wohnzimmer Deutschlands

Bessere Zeiten

Mit ihm fing irgendwie alles an

Direkt auf die A3 geht es in umgekehrte Richtung ab nach Hause , bis wir gegen 18.50 Uhr wieder die Ausfahrt Herborn-Süd erreichen .

Noch kurz zum Hähnchenbräter etwas essen und um 19.45 Uhr schmeißt mich mein Sohn vor unserer Haustür raus .

Ein unvergesslicher aber nachdenklich stimmender Tag geht zu Ende .

Ich nehme mir trotzdem vor ab jetzt wieder regelmäßiger ins Stadion zu gehen .

Duisburger Becherparade

Anstoß 18.05.2024 : Heute ist es also soweit . Ein geschichtsträchtiger Tag für den MSV , leider im negativen Sinne . Bei Dynamo Dresden findet das vorerst letzte Spiel im Profifußball für den Meidericher SV statt .

Obwohl es ja klar war , werde ich nun doch ein wenig sentimental . Viele Geschichten und Gedanken um den MSV gehen mir durch den Kopf . Da ist wieder die Sportschule Wedau und das Treffen mit Ronald Worm , genauso wie die Frage , was ist hier alles schief gelaufen in den letzten Jahren ?

Die Erinnerung an den ersten Besuch im Wedau-Stadion im Jahr 1977 , ebenso diese vagen Bilder vom UEFA-Cup Spiel in dieser Zeit . Immer noch keine klaren Gedanken , wer der Gegner war und wie das Ergebnis lautete . War es ein Livespiel oder doch nur eine Zusammenfassung ?

Irgendwie schließt sich damit aber auch der Kreis und das soll keinesfalls despektierlich klingen , denn die ersten internationalen Erinnerungen liegen im Ostblock (Sofia , Posen , Jena) und auch wenn sich die Zeiten vor über 30 Jahren verändert bzw. geändert haben schließt sich nun eben jener Kreis .

Zwar nicht international , sondern in den Niederungen der 3.Liga , mit dem Absturz des MSV in die Regionalliga West .

Nie und nimmer hätte ich das vor der Saison gedacht !

Im Vorfeld des Spiels ist von 13 Ausfällen auf Seiten der Meidericher die Rede .

Die Mannschaft stellt sich demnach fast von selbst auf .

Die vorerst letzte Startelf im Profifußball :

Braune , Senger , Castaneda , Kölle , Zenga , Fleckstein , Michelbrink , Köther , Inanoglu , Engin , Esswein

2.min. Der erste Abschluß gehört Dresden , noch ohne echte Torgefahr .

5.min. Wieder Dresden , diesmal wird es schon knapper .

11.min. Ein erster gut gespielter Angriff des MSV , letztlich findet Essweins Flanke keinen Abnehmer .

14.min. 1:0 für Dynamo , nach Standard und kurzer Konfusion im Duisburger Strafraum landet der Ball im Netz .

15.min. Doppelschlag , 2:0 , das Ding ist heute bereits durch .

18.min. Angriff MSV – Ecke – geklärt .

20.min. Angriff Dresden – Ecke – geklärt .

22.min. Ecke Dynamo ,Kopfballabwehr , Direktabnahme , Pfosten .

Duisburg kommt überhaupt nicht ins Spiel .

25.min. Ein Angriffsversuch der Meidericher verpufft .

27.min. Bei einem Dresdener Angriff gehen Braune , Fleckstein und ein Dynamospieler nach einem Zusammenprall zu Boden . Alle drei müssen behandelt werden . Am längsten dauert es bei Braune , aber erst mal können alle weiter machen .

31.min. Die nächste Möglichkeit für die Heimelf .

Torschußverhältnis bis hier : 10:0 !

35.min. Esswein kommt zum ersten Torschuß . Der Ball geht knapp von halb rechts im Strafraum geschossen am linken Pfosten vorbei .

38.min. 3:0 für Dresden . Castaneda lässt sich diesmal zu leicht ausspielen und fälscht anschließend den Ball unhaltbar für Braune ab .

39.min. Für Braune geht es jetzt doch nicht mehr weiter. V.Müller kommt in die Partie . Gute Besserung .

43.min. Weiter Dresden im Vorwärtsgang . Eine Ecke , eine Flanke und ein weiterer Eckball bleiben ohne Folgen.

44.min. V.Müller muß zum ersten mal eingreifen und verhindert das 0:4 .

Vom MSV kommt nichts mehr . Heute und hier sind sie hoffnungslos unterlegen und chancenlos .
Enttäuschung pur . Zum Glück geht es heute um nichts mehr .
Nicht auszurechnen , wäre es hier zum Entscheidungsspiel um den Klassenerhalt gekommen .

Halbzeit .

Nach der Pause kommen Pusch und Stierlin für Inanoglu und Zenga ins Spiel .
Dresden macht da weiter , wo man in Halbzeit eins aufgehört hat . Sturmlauf auf das MSV Gehäuse .
51.min. 4:0 .
Ein Spiegelbild dieser Saison .
Nach einer Stunde bleibt das gewohnte Bild . Hier spielt nur eine Elf und das sind die Elbstädter . Der Spielverein hat einfach nichts entgegen zu setzen . Es fehlen schlicht und ergreifend die spielerischen Mittel und Dresden hat bereits mindestens einen Gang zurück geschaltet .
68.min. Freistoß Dynamo , V.Müller klärt zur Ecke .
69.min. Der zweite Ball nach Ecke wird wieder vom Duisburger Schlußmann geklärt .
72.min. Bakir kommt für Michelbrink .
73.min. Schuß Dresden , V.Müller klärt .
Tut mir echt leid , aber mehr oder anderes gibt es hier echt nicht zu berichten .
74.min. Wieder ist V.Müller rechtzeitig zur Stelle .
75.min. Knapp am Tor vorbei , von ? Richtig , Dresden .
75.min. Symalla gibt sein Profidebüt . Er kommt für Esswein .
77.min. Es wird langsam langweilig . V.Müller ist mal wieder zur Stelle . Ebenso auch in der 78.min.
Der Magenta Sport Reporter erzählt gerade vom Torschußverhältnis : 26:1 !

Die vorerst letzten zehn Minuten im Profifußball für den MSV laufen .
86.min. Es gibt nichts vom MSV zu berichten . Eine weitere Kopfballchance geht auf das Konto von Dynamo Dresden.

Schlußpfiff .

Das Grauen hat endlich ein Ende !

Duisburg hat sich heute einfach dem Schicksal ergeben . Über die Einstellung der Mannschaft an sich könnte man jetzt fachsimpeln , aber da vorher eh alles klar war lassen wir es und ich schließe hier und jetzt mit meiner Jubiläumssaison ab .

Meine Jubiläumssaison 2023/24 in Zahlen

Spielplan 3.Liga 2023/24

Spieltag		Begegnungen	Erg.
01.Spieltag	:	SC Freiburg II – MSV Duisburg	1:1
02.Spieltag	:	MSV Duisburg – TSV 1860 München	0:3
03.Spieltag	:	Hallescher FC – MSV Duisburg	1:1
04.Spieltag	:	MSV Duisburg – SSV Ulm 1846	1:1
05.Spieltag	:	Jahn Regensburg – MSV Duisburg	2:1
06.Spieltag	:	MSV Duisburg – SC Verl	2:3
07.Spieltag	:	Vikt.Köln – MSV Duisburg	2:0
08.Spieltag	:	MSV Duisburg – Preußen Münster	0:0
09.Spieltag	:	Bor.Dortmund II – MSV Duisburg	1:0
10.Spieltag	:	MSV Duisburg – Spvgg.Unterhaching	1:0
11.Spieltag	:	1.FC Saarbrücken – MSV Duisburg	0:0
12.Spieltag	:	MSV Duisburg – Arm.Bielefeld	0:1
13.Spieltag	:	MSV Duisburg – RW Essen	1:2
14.Spieltag	:	SV Waldh. Mannheim – MSV Duisburg	0:0
15.Spieltag	:	MSV Duisburg – FC Ingolstadt	1:2
16.Spieltag	:	SV Sandhausen -MSV Duisburg	2:0
17.Spieltag	:	MSV Duisburg – VfB Lübeck	1:0
18.Spieltag	:	Erzgebirge Aue – MSV Duisburg	1:1
19.Spieltag	:	MSV Duisburg – Dynamo Dresden	2:4
20.Spieltag	:	MSV Duisburg – SC Freiburg II	4:2

21.Spieltag	:	TSV 1860 München – MSV Duisburg	4:1
22.Spieltag	:	MSV Duisburg – Hallescher FC	2:3
23.Spieltag	:	SSV Ulm 1846 – MSV Duisburg	2:2
24.Spieltag	:	MSV Duisburg – Jahn Regensburg	0:1
25.Spieltag	:	SC Verl – MSV Duisburg	1:3
26.Spieltag	:	MSV Duisburg – Vikt.Köln	1:0
27.Spieltag	:	Preußen Münster – MSV Duisburg	3:1
28.Spieltag	:	MSV Duisburg – Bor.Dortmund II	2:1
29.Spieltag	:	Spvgg.Unterhaching – MSV Duisburg	1:0
30.Spieltag	:	MSV Duisburg – 1.FC Saarbrücken	2:0
31.Spieltag	:	Arm.Bielefeld – MSV Duisburg	2:0
32.Spieltag	:	RW Essen - MSV Duisburg	4:1
33.Spieltag	:	MSV Duisburg – SV Waldh. Mannheim	1:1
34.Spieltag	:	FC Ingolstadt – MSV Duisburg	2:0
35.Spieltag	:	MSV Duisburg – SV Sandhausen	3:1
36.Spieltag	:	VfB Lübeck – MSV Duisburg	5:3
37.Spieltag	:	MSV Duisburg – Erzgebirge Aue	2:2
38.Spieltag	:	Dynamo Dresden – MSV Duisburg	4:0

(Spiele nach Spielplan)

Tabelle 3.Liga 2023/24

Pl.	Mannschaft	Tore	Pu.
01.	SSV Ulm 1846	65:38	77
02.	Preußen Münster	68:49	67
03.	Jahn Regensburg	51:42	63
04.	Dynamo Dresden	58:40	62
05.	1.FC Saarbrücken	60:43	60
06.	Erzgebirge Aue	51:47	60
07.	RW Essen	60:53	59
08.	SV Sandhausen	58:57	56
09.	Spvgg.Unterhaching	50:49	55
10.	FC Ingolstadt	65:51	54
11.	Bor. Dortmund II	58:53	54
12.	Spvgg. Verl	59:56	53
13.	Vikt. Köln	59:65	49
14.	Arm.Bielefeld	48:47	46
15.	TSV 1860 München	40:42	46
16.	SV Waldhof Mannheim	51:60	43
17.	Hallescher FC	50:68	40
18.	**MSV Duisburg**	**41:65**	**34**
19.	VfB Lübeck	37:77	32
20.	SC Freiburg II	37:64	30

Epilog

Tja , das hatte ich mir wahrlich zu Beginn des Schreibens ganz anders vorgestellt .

Hier sollte jetzt eigentlich etwas von einer erfolgreichen Saison stehen , in der sich unser MSV im oberen Tabellendrittel festsetzen konnte und von der Hoffnung , das mit ein paar guten Neuverpflichtungen nächste Saison tatsächlich der anvisierte Aufstieg in die zweite Bundesliga 2025 gelingen könnte .

Pustekuchen !

Die Befürchtungen nach dem miserablen Saisonauftakt und einer ganz schlechten Hinrunde haben sich bewahrheitet und nun steht der Abstieg in den Amateurbereich an .

Willkommen in der Realität .

Willkommen in der Regionalliga West .

Vielleicht wurde der Aufstieg 2025 auch ganz anders gemeint . Die Chance besteht ja ganz real , eben nur aus der Regionalliga West zurück in Liga 3 .

Worst-Case-Szenario , Desaster …

Obwohl ?

Einmal MSV immer MSV , egal in welcher Liga . Diese Liebe lebt seit 50 Jahren und das wird sich niemals ändern .

Vielleicht auch eine große Chance !

Neubeginn .

Für die Zukunft sind im letzten Winter schon ein paar richtige und wichtige Weichen gestellt worden .
Ich wünsche mir eine schlagkräftige , hungrige und vor allem mal wieder eine spielfreudige Truppe .
In den oberen Etagen wünsche ich mir die richtigen Leute am richtigen Platz mit viel Glück und einem goldenen Händchen bei allen anstehenden Entscheidungen was den MSV betrifft und das ab jetzt alles nur noch besser wird .
Ich wünsche mir für alle Beteiligten , ob Führung , Mannschaft , Fans , eine erfolgreiche Zukunft , so daß dieser Traditionsverein irgendwann wieder da spielt wo er hingehört . Wo das letztendlich sein wird , das darf jeder für sich selbst beantworten .

Ich jedenfalls freue mich auf die kommende Saison ! Auch wenn ich weit entfernt vom Ruhrpott lebe , spüre ich doch dieses gewisse etwas aus der Kindheit in Duisburg-Marxloh , das die Menschen hier verbindet . Ein Gefühl von Heimatverbundenheit , welches ich auch heute noch habe , wenn es Richtung Duisburg geht , auch wenn ich manchmal nur daran vorbei fahre .
Und ich freue mich auf die vielen kommenden Revierderbys . Auch wenn die meisten dann wohl wieder vor dem heimischen TV laufen werden , so sie denn übertragen werden .
Dennoch habe ich mir vorgenommen , das eine oder andere Spiel vor Ort zu gucken . Versprochen !

Platzierungen des MSV
in den letzten 50 Jahren

Jahr	Liga	Platzierung	Tore	Punkte
1973/74	1.BL	15.	42:56	29-39
1974/75	1.BL	14.	59:77	30-38
1975/76	1.BL	10.	55:62	33-35
1976/77	1.BL	9.	60:51	34-34
1977/78	1.BL	6.	62:59	37-31
1978/79	1.BL	13.	43:56	30-38
1979/80	1.BL	14.	43:57	29-39
1980/81	1.BL	12.	45:58	29-39
1981/82	1.BL	18.	40:77	19-49
1982/83	2.BL	11.	55:57	37-39
1983/84	2.BL	3.	69:41	50-26
^ Relegation gegen Eintr. Frankfurt (16.BL) = 0:5 , 1:1				
1984/85	2.BL	13.	56:63	35-41
1985/86	2.BL	20.	34:86	15-61
1986/87	OL-NR	2.	70:34	48-20
1987 : Deutscher Amateurmeister , Sieg gegen Bayern München Amateure mit 4:0 im Endspiel				
1987/88	OL-NR	1.	73:27	48-20
^ Aufstiegsrunde / Aufstieg verpasst 3.Platz 19:13 Tore 10-6 Punkte				
1988/89	OL-NR	1.	96:36	60-12
^ Aufstiegsspiele / Aufstieg in 2.Bundesliga 1.Platz 16:8 Tore 11-5 Punkte				
1989/90	2.BL	10.	50:58	37-39

Jahr	Liga	Platzierung	Tore	Punkte
1990/91	2.BL	2.	70:34	53-23
1991/92	1.BL	19.	43:55	30-46
1992/93	2.BL	2.	65:40	60-32
1993/94	1.BL	9.	41:52	36-32
1994/95	1.BL	17.	31:64	20-48
1995/96	2.BL	3.	55:37	56
1996/97	1.BL	9.	44:49	45
1997/98	1.BL	8.	43:44	44
1998/99	1.BL	8.	48:45	49
1999/2000	1.BL	18.	37:71	22
2000/01	2.BL	11.	46:40	45
2001/02	2.BL	11.	56:57	43
2002/03	2.BL	8.	42:47	46
2003/04	2.BL	7.	52:46	48
2004/05	2.BL	2.	50:37	62
2005/06	1.BL	18.	34:63	27
2006/07	2.BL	3.	66:40	60
2007/08	1.BL	18.	36:55	29
2008/09	2.BL	6.	56:36	55
2009/10	2.BL	6.	51:46	50
2010/11	2.BL	8.	53:38	52
2011/12	2.BL	10.	42:47	39
2012/13	2.BL	11.	37:49	43
^ Lizenzentzug / Zwangsabstieg in die 3. Liga				
2013/14	3.Liga	7.	43:43	52
2014/15	3.Liga	2.	63:40	71

Jahr	Liga	Platzierung	Tore	Punkte
2015/16	2.BL	16.	32:54	32
^ Relegation gegen die Würzburger Kickers (3. der 3.Liga) 0:2 ; 1:2 = Abstieg in die 3.Liga				
2016/17	3.Liga	1.	52:32	68
2017/18	2.BL	7.	52:56	48
2018/19	2.BL	18.	39:65	28
2019/20	3.Liga	5.	68:48	62
2020/21	3.Liga	15.	52:67	43
2021/22	3.Liga	15.	46:71	42
2022/23	3.Liga	12.	54:58	46
2023/24	3.Liga	18.	41:65	34
2024/25	RL-West			

Der MSV und seine
Erfolge , Titel , Endspiele und
Tragödien

Vorfreude auf Endspiele
(leider immer ohne Erfolg)

Leider konnte der MSV in seiner Geschichte keinen großen und wirklich nennenswerten Titel holen , schon gar
nicht in den letzten 50 Jahren .

So zieren den aktuellen Wimpel heute lediglich ein paar
Daten :

Deutscher Amateurmeister 1987
DFB-Pokalfinalist 1966+1975+1998+2011
Vizemeister 1964

Die Hälfte dieser Daten erlebte ich mit . Lediglich das Pokalfinale von 1966 (logisch , da erst 1968 geboren) und
1975 (zumindest habe ich keinerlei Erinnerung daran)
gingen ohne mich von Statten , ebenso die Vizemeisterschaft von 1964 aus bereits bekanntem Grund , das nicht
vorhanden sein meiner Person .

Auch ein Grund übrigens für den Buchtitel (also das mit
dem Leiden)
Der Titel des Deutschen Amateurmeister 1987 war zwar
ganz nett , konnte aber nicht darüber hinweg trösten ,
daß man nach dem Abstieg aus der 2. Bundesliga 1986 ,
die Meisterschaft und die Chance auf den direkten

Wiederaufstieg aus der Oberliga Nordrhein verpasste .
Denn nur die zweitplazierten der Oberligen qualifizierten
sich seinerzeit für die Spiele um den Titel des deutschen
Amateurmeister . Die Meister der Oberligen hingegen
qualifizierten sich für die Aufstiegsspiele und die damit
verbundene Chance auf den Aufstieg in die 2.Bundesliga.

Im Jahr darauf erreichte man diese Spiele , scheiterte
aber denkbar knapp .
Es sollte ein weiteres Jahr dauern , ehe man sich den
Aufstieg zurück in den bezahlten Fußball sichern konnte .

Übrigens , selbst die diversen Aufstiege der jüngeren
Vergangenheit konnte der MSV bis auf eine Ausnahme ,
als Meister der dritten Liga 2016/17 , nie als erster bewerkstelligen .

Und da waren die Relegationsspiele , die diverse Auf-und
Abstiegsszenarien für die erste , zweite und dritte Liga
bereit hielt . Zweimal nahm man daran teil , zweimal
scheiterte man .
Das erste mal 1984 als Dritter der zweiten Liga gegen
den 16. der Bundesliga , die Frankfurter Eintracht . Das
Hinspiel in Duisburg ging 0:5 verloren und die Messe war
damit bereits gelesen . Beim Rückspiel trat Frankfurt mit
Sicherheit nicht mehr mit letztem Einsatz an und ermög-
lichte dem MSV so immerhin noch ein 1:1 .

Das zweite mal trat man als Sechzehnter der 2.Bundesli-
ga , gegen den dritten der 3.Liga an . Auch gegen die
Würzburger Kickers verlor man 2016 , diesmal sogar beide Spiele (0:2 ; 1:2) und damit die Ligazugehörigkeit .

Wie habe ich gelitten !

Die größte Chance in der Neuzeit einen zählbaren Titel zu holen , bot sich den Zebras im DFB-Pokalfinale 1998 , als man auf die Bayern aus München traf .
Das war wohl eines der besten MSV-Spiele überhaupt . Man sah eine teilweise entfesselnd spielende Duisburger Mannschaft , die durch einem überragenden Bachirou Salou 1:0 in Führung ging. Zu diesem Zeitpunkt waren sich die meisten Zuschauer einig , daß der Sieger heute nur MSV Duisburg heißen kann . Die Geschichte des Spiels ist den meisten wohl bekannt , am Ende stand es 1:2 und der MSV stand wieder mal mit leeren Händen da . Nicht unbeteiligt daran war ein ehemaliger Duisburger . Auch das wird wohl immer Teil eines Fluchs sein ! Tarnat hatte Salou gefoult , der später dann verletzt vom Feld musste . Dieser Umstand führte zu einem Bruch im Duisburger Spiel und kostete wohl letztlich den Pokalerfolg .

Wie habe ich gelitten !

Das letzte DFB-Pokalfinale 2011 war dann eine klare Angelegenheit , natürlich nicht für den MSV .
Aber unsere Fans im Olympiastadion waren am Ende die Gewinner , wenn auch nur der Herzen .

Wie habe ich gelitten !

Auch in diverse europäische Wettbewerbe schaffte es der MSV einige Male . Teils war die Qualifikation dafür sportlich aus eigener Kraft gelungen , teils dadurch , das der Gegner z.B. im DFB-Pokal Finale als Sieger aber in der UEFA-Championsleague antrat (weil zusätzlich Meister geworden) und der MSV so in den Pokalsiegerwettbewerb rutschte .
Der größte Erfolg dabei war das Erreichen des Halbfinale

im UEFA-Pokal 1978/79 gegen Bor.M'gladbach .
Der Erfolg ging deshalb ein wenig unter , weil es in diesem Jahr neben dem MSV und der Borussia auch Hertha
BSC Berlin als dritter deutscher Vertreter ins Halbfinale
schaffte .

Auch stand man einmal im neu geschaffenen , aber nicht
wirklich beliebten und anerkannten Finale des UI-Cups
gegen den französischen Vertreter von AJ Auxerre
(1997/98) . Leider verlor man auch hier nach einem 0:0
im Hinspiel in Duisburg , mit 0:2 in Auxerre .

Wie habe ich gelitten !

Einen „richtigen" Auftritt international hatte man dann
ein Jahr später. Als Trostpflaster für das verlorene Pokalfinale gegen die Bayern , durfte man im Europapokal der
Pokalsieger starten .

Der erste Auftritt in Duisburg war beim 1:1 gegen den
belgischen Vertreter KRC Genk noch ganz passabel ,
doch beim Rückspiel ging man sang- und klanglos 0:5
unter .

Wie habe ich gelitten !

Ansonsten könnte man noch die drei Gewinne des Inter-
totocups 1974/75 , 1977/78 und 1978/79
nennen , sowie die drei Gewinne des Niederrheinpokals
1988/89 , 2013/14 und 2016/17 .
Alles Triumphe ohne wirkliches Prestige !

Zugegeben die Vita der Neuzeit ist nicht gerade lang .

Aber als MSV Fan lernt man eben leidensfähig zu sein .

MSV – Meine schönsten Momente

Die für mich schönsten Momente um und mit dem MSV
an die ich mich erinnern kann und möchte ohne Anspruch
auf Vollständigkeit oder zeitlicher Reihenfolge .

- Wie alles begann : Spiel des MSV im UEFA-Cup .
- Begegnung mit Ronnie Worm in der Sportschule Wedau .
- Erster Besuch im Wedau-Stadion am 13.07.1977
- Straßenbahnfahrt mit der Begegnung der beiden jugendlichen Fans .
- Erstes Spiel nach langer Zeit mit dem MSV in Haiger . Leider im Amateurbereich .
- Deutscher Amateurmeister 1987
- Erster Besuch des Wedau-Stadion mit dem eigenen Auto am 21.05.1989 gegen den TSV Havelse , Endstand 3:1 .
- Wiederaufstieg in den bezahlten Fußball 1989 .
- Erster Wiederaufstieg in die Bundesliga im Spiel gegen BW 90 Berlin . Gänsehaut pur im Stadion .
- Pokalfinale gegen die Bayern am 16.05.1998
- Das DFB Pokal Halbfinale am 18.02.1998 gegen Eintr. Trier mit dem denkwürdigen Elfmeter- schießen .
- Der MSV Duisburg ist erster Tabellenführer mit negativem Torverhältnis (29:30)
- DFB-Pokal Achtelfinale am 01.12.1990 , live im Wedau-Stadion , gegen BW 90 Berlin (3:2) mit 3 Tönnies Treffern . Das entscheidende Tor in der Verlängerung .
- Erstes Bundesligaspiel des MSV live im Stadion am 18.10.1991 gegen den 1.FC Kaiserslautern 1:1

- Verlorenes DFB-Pokalfinale gegen Schalke 0:5 , aber die Feststellung , wir haben die geilsten Fans.
- Die Meisterschaft in der 3. Liga 2016/17
- 3.Liga Saison 2014/15 und 2016/17 , die beiden Aufstiege in die 2. Bundesliga .
- Der Fan-Zusammenhalt nach dem Lizenzentzug und alle damit verbundenen Aktionen.
- Der erste Auftritt von Michael Tönnies als Stadionsprecher.
- Die 5 Tore von Michael Tönnies gegen den Karlsruher SC .
- Die UI-Cup Finalspiele 1997/98 .
- Erster Besuch des Wedau-Stadion als reines Fußballstadion am 12.05.2024 mit meinem Sohn

Ereignisse die irgendwie mit dem MSV zusammen hängen

- Als Bernhard Dietz 1980 als Kapitän der deutschen Nationalmannschaft den EM-Pokal in die Höhe stemmt .
- Ronald Worm`s erstes Länderspiel am 20.12.1975 in der Türkei , in dem er zwei Tore zum 5:0 Erfolg beisteuerte .
- EM-Teilnahme 1976 und WM-Teilnahme 1978 von Ronald Worm , wenn auch ohne Einsatz .

Die Fans vom MSV

Ja , ich bin Stolz ein MSV-Fan zu sein . Auch wenn es nie zu einem großen Titel , Ruhm oder Ehre gereicht hat , so ist der MSV doch fest in meinem Herzen verankert .

Wenn es darauf ankommt stehen die Fans wie eine Mauer hinter Ihrer Mannschaft . Aber auch kritisch (sogar sehr kritisch) können sie sein und das ist auch gut so .

Das erste mal dieses Fangefühl hatte ich bei meinem ersten Wedau-Stadion Besuch 1977 . Auch wenn das Stadion nicht übermäßig gut besucht war beeindruckte mich doch als Kind die vielen Menschen in blau-weiß oder auch weiß-blau zu sehen .
Das zweite mal beeindruckt war ich dann wie bereits erwähnt von jenen zwei Jugendlichen , die mich nach dem MSV-Spiel in Homberg nach Hause brachten .

Erinnert sei an die zahlreichen Aktionen und Aktivitäten rund um den Lizenzentzug 2013 oder die Unterstützung durch Hupkonzerte während der Corona Pandemie . Immer neue Ideen , ihrem Verein in irgendeiner Weise zu helfen , beizustehen und zu unterstützen .

Hut ab ! Ich verneige mich vor Euch !

Aktuell sei noch die Aktion rund um den Michael Tönnies Platz an der Arena erwähnt . Ich hoffe das wird . Hier sei das Engagement besonders von Maik Pollmann und Jörg Winke erwähnt .

Und natürlich das MSV-Museum , letztlich ebenfalls von Fans ins Leben gerufen !

Profifußball

Auch dazu habe ich mir ein paar Gedanken gemacht und bin für mich zu dem Schluß gekommen , er ist nicht mehr das was er mal war . Mir ist das mittlerweile zu sehr nur noch auf Kommerz ausgelegt . Die einen werden jetzt sagen gut so , die anderen werden mir zustimmen oder sich neutral verhalten .

Als ich zu Beginn der aktuellen Saison Magenta Sport buchte und mir passend dazu das aktuelle MSV Trikot in der Fanedition zulegte , unterhielt ich mich mit meiner Frau . Einerseits unterstütze ich durch die Buchung irgendwie den Kommerz , dachte jedoch , zumindest bekommen die Klubs dadurch ein paar Euro ab . Mit dem Trikotkauf unterstütze ich den MSV direkt . Oder ist es doch eher Capelli ?

Die anderen Gründe waren , ich konnte wetterunabhängig alle Spiele mit relativ wenig Zeitaufwand gucken , sparte eine Menge CO_2 ein , da ich nicht jedes mal 400 km allein zu den Heimspielen fahren muß , von den Auswärtsspielen ganz zu schweigen . Zwar bringe ich mich um das einzigartige Liveerlebnis , aber jetzt komme ich zum Punkt , dem heute gebotenen Profifußball .

Mir fehlt die Identifikation der Spieler mit den Klubs . Läuft es nicht , wechselt man eben . Während früher oftmals die Karriere bei einem oder maximal zwei bis drei Vereinen absolviert wurde , liest sich heute manche Spielervita fast wie ein Telefonbuch , so viele Einträge gibt es da . Erinnert sei hier nochmal an Lulu Nolden , der Zeit seines Lebens nur beim MSV kickte .

Außerdem sagte ich meiner Frau , ich werde nur solange gucken , wie der MSV nicht in der Bundesliga spielt , maximal noch bis zur zweiten . Mir geht es da einfach zu viel nur noch um das liebe Geld und das möchte ich nicht unterstützen , Basta .

Vielleicht gehöre ich da zu einer aussterbenden Spezies . Vielleicht ist das auch gut so .

Früher spielte , wie es der Name es sagt , im Europpokal der Landesmeister , der Meister eines jeden Landes . Da wusste man Bescheid , wenn die Bayern auf Liverpool trafen oder Mönchengladbach auf Madrid . Dann war das der Deutsche Meister gegen den englischen oder spanischen . Und es wurde im KO Prinzip gespielt . Hin-und Rückspiel , der bessere kam weiter .

Heute ?

Der Wettbewerb wird künstlich aufgebläht bis zum geht nicht mehr , nur um möglichst viele Spiele zu generieren und noch mehr Geld einzunehmen .

Und die Vereine kaufen sich dann einen Ergänzungsspieler für soviel Geld , das der MSV damit locker für vier oder fünf Jahre den Etat stemmen könnte .

Mir fehlt da einfach die Verhältnismäßigkeit und das Verständnis . Das Gefälle von Arm und Reich wird damit immer größer . Man könnte jetzt sagen : wie im richtigen Leben .

Ich warte auf den Tag , an dem der Tabellenfünfzehnte der Bundesliga noch an der CL teilnehmen darf .

Auf Dauer sind und werden die kleineren Vereine gnadenlos abgehängt , wenn sie es nicht ohnehin schon sind . Geld regiert die Welt , leider .

Mich wundert es übrigens immer wieder , das die Bundesligastadien Woche für Woche gut gefüllt sind . Seit gefühlt zwanzig Jahren , Spieltag für Spieltag und am Ende wird zu 90 % Bayern Meister . Ich finde das nur noch langweilig .

Aber auch hier muß jeder für sich selbst entscheiden , was und wie viel er bereit ist zu bezahlen .

Meine Bilanz und Hobbys

Noch ein paar Dinge und Bilder aus meiner Verrücktheit zum MSV .

Ich bekenne mich schuldig :

Ich bin ein kleiner Monk und führe penibel Buch über „Meine" MSV-Spiele , die ich zumindest wenn nicht live vor Ort , so doch wenigstens live irgendwie und irgendwo gesehen habe .

Dabei komme ich auf :

11	Erstligaspiele
113	Zweitligaspiele
133	Drittligaspiele
7	Spiele im Europapokal/UI-Cup/Intertotocup
16	DFB-Pokalspiele
1	Ligapokalspiel
1	Spiel zur Aufstiegsrunde 2.Liga
1	Spiel im Rahmen der Deutschen Amat.Meisterschaft
7	Spiele im Niederrheinpokal
6	Spiele bei Turnieren
24	Freundschaftsspiele

= 320 Spiele   (Stand : 07.07.2024)

Die häufigsten Gegner dabei waren mit je 9 Begegnungen :

Alem.Aachen , 1.FC Köln , Hansa Rostock , Arm.Bielefeld , 1860 München und der Hallescher FC .

„Meine" Top 3 Torschützen sind :

Kingsley Onuegbu	31 Tore
Moritz Stoppelkamp	18 Tore
Zlatko Janjic	17 Tore

Außerdem bin ich im Besitz zahlreicher MSV Devotionalien :

Derzeit zähle ich 13 MSV Trikots .

Habe einiges an „Kleinkram" . Sachen wie Pins , Wimpel , CD´s , Caps , T-Shirts , Hosen , Schals , Tassen , Aufkleber , Anstecknadeln , etc.

Natürlich dürfen auch einige Zebrafiguren nicht fehlen .

Hobby´s rund um den MSV : Tipp-Kick Spieler in MSV-Trikots herzustellen , momentan 35 Stück , wobei es früher rein handgemalte Figuren waren , mittlerweile aber zum Sponsorendruck sowie Ausrüster und Logos der PC Einzug gehalten hat .
Zuletzt hatte ich das Projekt Modellbusse in 1:87 zum Thema MSV .
Es handelt sich um drei nicht im Handel erhältliche Busse , einmal der aktuelle (MAN) in blau und zwei in jeweils schwarz und weiß (Scania) mit Hellmich/Evonik sowie Black Crevice Bedruckung .
Hier kommt mir meine Verbissenheit zugute . So , wie ich mir damals vorgenommen hatte den MSV spielen zu sehen im Wedau-Stadion oder in Homberg und es auch realisierte . Oder die hunderte Stunden , in denen ich die Ordner mit Zeitungsartikeln über den MSV füllte . Genauso wie ich mich dahinter klemmte , wenn ich in den 90ern in Duisburg im Bezug auf den MSV weilte , die

betreffenden Zeitungsartikel bei der NRZ oder WAZ mittels schriftlicher Anfrage zu besorgen . Und das zu 100 % . Es sei angemerkt , in dieser Zeit gab es kein Internet oder E-Mails .

Das Busprojekt nahm ebenfalls viel Zeit in Anspruch .

Zuerst dachte ich darüber nach die Bedruckung mittels Bildern aus dem Netz zu bewerkstelligen . Das in 1:87 hinzubekommen war so gut wie unmöglich . Also weiter nachgedacht und diverse Decalhersteller angeschrieben . Hier ergab sich das Problem , das alle fertige Daten haben wollten . Wie sollte ich das anstellen ?

Dann kam mir die Idee das Miniaturwunderland in Hamburg anzuschreiben . Die arbeiten ja bekanntlich sehr Lösungsorientiert . Und die Antwort die ich nach einiger Zeit von dort erhielt , brachte mich schließlich auf die richtige Fährte . Ein Decalhersteller in der Nähe von Hannover . Zu meiner Verwunderung gab es dann nach Schilderung meiner Decalvorstellung für den aktuellen MSV-Bus dieses bereits . In Rücksprache von Shop und Auftraggeber des Decals , erhielt ich dessen Telefonnummer . Es folgten zwei , drei längere Telefonate . Dabei stellte sich heraus , das es eine Art Club bei der Dortmunder Verkehrsgesellschaft gibt , die sich in ihrer Freizeit mit dem Bau von Modellbussen beschäftigt . Das beste daran , es sind Busse nach realem Vorbild aus der Fußballszene . Enstanden als Fans der Borussia wurden alle CL-Gegner in Busform hergestellt . Darüber hinaus eben auch Busse diverser deutscher Vereine , darunter der MSV Duisburg . Ein Umstand der meine Arbeit unheimlich erleichtert , bzw. überhaupt erst ermöglicht hat . Am Telefon wurde dann weiter gefachsimpelt über die Beschaffung der Busse , das lackieren , Decals aufbringen , etc. . Die Busse wurden besorgt . Teils mit Kompromissen , den Scania gibt es als Modell z.B. nicht als Doppelachser . Der Club hat ebenfalls in Eigenregie

eine zweite Achse eingebaut , den Bus quasi verlängert .
Für mich als Laie so nicht umsetzbar , deshalb war hier
der Kompromiss den Einachser zu nehmen . Das passen-
de Decal war jedenfalls für den Einachser ausgelegt .
Apropos Decals . Während ich das Decal für den aktuellen Bus im Laden erwarb , ergab sich auch hier im Tele-
fongespräch , das es die betreffenden Decals für die Scania ebenfalls schon (vom Club aufgelegt) gibt . Die beiden habe ich dann über den Club bestellt .
Die nächste Schwierigkeit war das lackieren .
Während der Club auf die betriebseigene Lackiererei zu-
rückgreifen konnte , blieb mir nur die Spraydose .
Zuerst alles fein säuberlich abkleben , was keine Farbe
abbekommen soll . Eine Sisiphusarbeit ...
Der blaue und schwarze Bus ließen sich auch recht gut
lackieren , jedenfalls für mich und meine Vitrine ausrei-
chend . Anders der weiße . Die Grundmodelle der Scania
waren die WM-Nationalmanschaftsbusse in orange gehalten und mit Länderflaggen, Fußbällen , usw. bunt be-
druckt . Der erste verfärbte sich nach dem weiß lackieren
gelblich bis grün . Man hatte den Anschein , das orange
würde abfärben . Der Bus war jedenfalls versaut . Also
neu gekauft und nochmal lackiert . Diesmal war die Ver-
färbung annehmbar . Das Problem diesmal : Zum schnel-
leren trocknen der zwei bis drei Farbschichten benutzte
ich einen Heißluftfön . Einmal war ich etwas zu lang an
einer Stelle , beim zusammen setzen zeigte sich dann ,
das der Bus durch die Hitze ein wenig verzogen war und
nicht mehr fugenlos zusammen passte . Also Bus Nummer drei bestellt ! Bei dem klappte dann alles . (Siehe
Bilder)
Das finishen (sprich Decals anbringen) war dann die
nächste und letzte Herausforderung . Letztmals hatte ich
Modellbau mit Decals vor etwa 40 Jahren betrieben ,
dementsprechend fehlte zunächst die Fingerfertigkeit .

Ärgerlich war , das ich zuerst den blauen und für mich wichtigsten der drei Busse „gebaut" hatte . Zur Sicherheit hatte ich , Gott sei Dank , die nicht sichtbare Seite des Busses in der Vitrine angefangen mit dem Decal zu versehen . Das Stadtwappen bekam ein kleines Eselsohr, der große Schriftzug eine Verzerrung am Anfang des Schriftbildes . Dies ließ sich auch nicht mehr umkehren bzw. beheben , trotz aller Vorsichtsmaßnahmen und genug Feuchte . Wenigstens bei den beiden Scanias lief das ohne Probleme .

Das ganze Projekt der drei Busse zog sich somit über mehrere Wochen und war ein learning bei doing .

Mal sehen was als nächstes kommt . Vielleicht Gartenfiguren wie Zwerge oder Tiere in Zebrafarben ?

Des weiteren habe ich neuerdings eine Facebook-Fanpage erstellt : **MSV Hessen Zebras** .
Über neue Mitglieder freue ich mich immer , natürlich auch über die , die nicht aus Hessen kommen .

Trikotsammlung

Handbemalt , Sponsorendruck dank PC

MSV Mannschaftsbus , Marke Eigenbau 1

MSV Mannschaftsbus , Marke Eigenbau 2

MSV Mannschaftsbus , Marke Eigenbau 3

Nochmal alle drei Busse zusammen

Wann ist ein Fan ein Fan ?

Wann ist man denn jetzt ein „richtiger" Fan ?

Da gibt es diverse Definitionen .

Eine ganz einfache lautet beispielsweise :

    - begeisterter Anhänger des Fußballspiels

oder

    - Person , die sich für Fußball begeistert

  -

Typische Schlagworte in Verbindung mit Fußballfans >

anschauen , begeistert , bekennend , betrunken , eingefleischt , fanatisch , feiernd , fiebern , fressen , gemein , gewalttätig , glühend , grölend , hartgesotten , jubelnd , leidenschaftlich , outen , prügelnd , randalierend , singend , verehren , weinen , zuschauend .

Damit nochmal zurück zum Anfang .
Durfte ich nun ein solches Buch schreiben , oder darf ich mich Fan nennen , wo ich doch gerade mal etwas über dreißig Livespiele des MSV verfolgt habe ?

Per Definition steht nichts davon , dass man im Stadion sein muß .

Seit nunmehr fünfzig Jahren verfolge ich alles was den MSV betrifft . Fiebere jedem Ergebnis entgegen .
Freue mich über Siege , kann mit Unentschieden leben

124

und ärgere mich bei Niederlagen . Kann aber auch neid-
los anerkennen , wenn der Gegner am Spieltag einfach
besser war .

Habe hunderte Stunden damit verbracht , Artikel über
den MSV auszuschneiden und in Ordnern zu sammeln .

Habe unzählige MSV Fanartikel zusammen getragen .
Vielleicht deshalb , weil ich als Kind so gut wie nichts
vom MSV hatte , abgesehen vom Autogramm von Ronnie
Worm und niemand in meiner Familie meine Begeisterung für den MSV teilte ...

Gucke soweit es irgendwie geht jedes Spiel des MSV im
Fernsehen .
Habe tage- und wochenlang beim Lizenzentzug 2013 die
Presse studiert und das Internet beobachtet , gehofft und
gebangt und war , als es endlich feststand , in der dritten
Liga mit Feuereifer bei der Sache .
Genauso werde ich es jetzt in der Regionalliga West tun .

Und doch gab es in all den Jahren auch gute und wichtige
Gründe dafür , nicht oft im Stadion anwesend zu sein .
Ist das überhaupt ein oder gar der Gradmesser ?

Ich sage ganz klar : NEIN .

Es gab eben auch private , familiäre und/oder berufliche
Gründe .
Und ja , es war auch oft ein Stück Bequemlichkeit oder
die Faulheit , einen ganzen Tag einem neunzig minütigen
Fußballspiel zu opfern , auch da bin ich ehrlich .
Und es gab Zeiten , wo es wichtigere Dinge im Leben gibt
als ein Fußballspiel , Dinge zwischen Leben und Tod ,
aber das ist eine andere Geschichte .

Diese hier war mir eine Herzensangelegenheit .

Je älter man wird umso deutlicher wird einem , das weder Geld noch Erfolge (da vergänglich) wirklich glücklich machen . Deswegen ist es mir letztlich auch völlig egal in welcher Liga der MSV spielt . Liebe kennt keine Liga , die Liebe gehört meinem Verein . Und mein Verein ist und bleibt der MSV Duisburg .

Vielleicht bin ich auch ein wenig zu sehr Nostalgiker und obwohl ich die „guten alten" Zeiten der Oberliga West nicht kenne , so kann ich mir doch die Atmosphäre vorstellen , als der MSV in Revierduellen spielte .

Und heute würde mich ein Derby gegen RWO in der dritten oder meinetwegen auch Regionalliga mehr reizen , als ein Bundesligaduell gegen die Bayern .

Dazu stehe ich .

Ich mochte die familiären Geschichten im Verein als z.B. die Frau vom damaligen Präsidenten D.Fischdick den Spielern im Bus nach einem Spiel selbstgebackenen Kuchen servierte , um nur eine zu nennen .

Mit ihm starb auch ein Stück heile MSV Welt .

Leider haben sich die Zeiten danach verändert . Ob nun gut oder schlecht , das zu bewerten liegt wohl bei jedem selbst .

Meine Liebe zum MSV Duisburg gehört nicht einzelnen Menschen egal in welcher Funktion , die kommen und gehen,sondern einzig und allein dem Verein MSV Duisburg . Klar habe auch ich Spieler die mir am Herzen liegen (als Beispiel hier : Worm , Dietz , Tönnies und Salou und noch einige mehr) Und ich verneige mich nochmals vor allen wunderbaren Fans und ihrem Humor auch in der schwärzesten Stunde , wie das aktuelle Lied : „Wir sagen Dankeschön , Auf Wiedersehen Liga drei ...." oder so mancher humorvolle Kommentar in den sozialen Medien aktuell ebenso bezeugen , wie die bedingungslose Unterstützung , egal in welcher Situation .

Der MSV Duisburg und ich .
Eine Liebe auf ewig .
Egal in welcher Liga .

ENDE

Die Geschichte ist aber noch nicht ganz fertig erzählt .
Ein paar Tage bleiben noch bis zum 50. Jubiläum am 07.Juli 2024 . Deshalb möchte ich die Zeit nutzen , einen kleinen Blick auf die kommende Spielzeit zu werfen .

Blick nach vorn

Ab jetzt heißt es Blick nach vorn . Es wird weiter gehen beim MSV und eines Tages werden wir zurück sein .
Ich gehe nun in mein 51. Jahr als MSV-Fan .
Deshalb hier noch ein kleiner Ausblick auf die kommende Saison in der Regionalliga West .

24.05.2024 : Aufbruchstimmung beim MSV .
Heute wurde der neue Regionalliga Trainer vorgestellt . Kein geringerer als Dietmar Hirsch wird Chef an der Seitenlinie der Zebras . Als Spieler trug Hirsch insgesamt sieben Jahre lang das Zebradress und gehörte u.a. zur DFB-Pokalfinalmannschaft von 1998 . Er absolvierte insgesamt 203 Spiele für den MSV in der 1.Bundesliga (110 Spiele / 7 Tore / 4 Vorlagen) , 2.Bundesliga (77 / 5 / 0) , DFB-Pokal (21 / 1 / 0) , UI-Cup (14 / 1 / 0) und Europapokal der Pokalsieger (1 / 0 / 0) . Außerdem für die MSV Amateure in der Oberliga Niederrhein (5 / 2 / 0) .

Neuer Co-Trainer wird Marvin Höner , mit dem Hirsch in der abgelaufenen Saison bereits in Bocholt zusammen arbeitete .

Dann schauen wir mal wie es so wird . Mein Wunsch ist das die beiden im Verbund in aller Ruhe hier arbeiten und etwas aufbauen können . Dafür wünsche ich gutes gelingen . Auch das alle Verantwortlichen jetzt ein glückliches Händchen bei der Kaderzusammenstellung haben . Vielleicht wird es seine Zeit brauchen , eine schlagfertige Truppe mit Aufstiegsambitionen auf die Beine zu stellen . Diese Zeit wünsche ich dem Verein . Auch wünsche ich allen Beteiligten , einschließlich der Fans , die Ruhe , die

Kraft und natürlich auch den finanziellen Rahmen , das ganze erfolgreich zu gestalten . Ich glaube nicht , das die Regionalliga West ein Selbstläufer wird . Selbst Bocholt , das zur Winterpause auf Platz 1 lag wurde am Ende von Aachen recht deutlich distanziert .
Es kribbelt wieder und nun bin ich gespannt auf die ersten Neuverpflichtungen beim MSV .

_27.05.2024_ : Der erste Neuzugang für die kommende Saison ist fix . Der 31jährige Abwehrspieler **Alexander „Ali" Hahn** wechselt von Preußen Münster an die Wedau und hat die letzten beiden Aufstiege der Münsteraner mit gemacht .
Damit sind drei Kaderplätze belegt . **Maximilian Braune** (Tor) und **Batuhan Yavuz** (Abwehr) haben bereits gültige Verträge für die Regionalliga .

_29.05.2024_ : Der nächste Neuzugang entstammt der eigenen U-19 und hört auf den Namen **Jan-Simon Symalla** . Der offensive Mittelfeldspieler hatte am letzten Spieltag der vergangenen Saison sein Profidebüt beim Spiel in Dresden .

_31.05.2024_ : Vom FSV Frankfurt wechselt der 24jährige Stürmer **Jihad Boutakhrit** zum MSV .

_03.06.2024_ : Der vierte Zugang , **Moritz Montag** , passend zum heutigen Wochentag . Der 26jährige Rechtsverteidiger wechselt vom Ligarivalen RW Oberhausen zu den Meiderichern .

_04.06.2024_ : Was sich schon seit einiger Zeit angedeutet hatte , ist seit heute Gewissheit . **Malek Fakhro** stürmt zukünftig in Zebrastreifen . Der 26jährige kommt vom 1.FC Bocholt .

05.06.2024 : Der nächste Spieler ist verpflichtet . Vom Greifswalder FC wechselt **Can Coskun** zu den Zebras . Der Linksverteidiger ist 26 Jahre alt und kann zudem auf der kompletten linken Seite spielen . In 32 Regionalliga-spielen schoß er 4 Tore und bereitete 12 Treffer vor .

06.06.2024 : Es geht Schlag auf Schlag . Der 23jährige Abwehrspieler **Mert Göckan** kommt vom Wuppertaler SV und kann Linker- oder Innenverteidiger spielen , aber auch im linken Mittelfeld .

07.06.2024 : Vom Main an den Rhein . Der 23jährige defensive Mittelfeldspieler **Leon Müller** kommt von den Offenbacher Kickers . Wie schon einige der neuen Spieler kann auch Müller auf diversen Positionen eingesetzt werden . U.a. als Innenverteidiger oder im linken Mittelfeld .

08.06.2024 : Die ersten elf Spieler für die neue Saison sind verpflichtet . Seit heute ist auch der Drittligaer-fahrene **Steffen Meuer** ein Zebra . Der 24jährige Stürmer kommt von Erzgebirge Aue .

09.06.2024 : **Joshua Bitter** bleibt Zebra . Der 27jährige Innenverteidiger , der von 2019 bis 2021 bereits das MSV-Trikot trug , ist seit dem 01.07.2022 im Verein .

10.06.2024 : Heute ist das Thema Neuwahl des Vor-standes ein Thema . Seit etwa 14 Tagen tauchte in den sozialen Medien immer mal wieder eine Gruppe unter dem Namen „Zebras.Wir.Zusammen" auf .
Am heutigen Tag nun lüftete diese Gruppierung das „Geheimnis" mit den Namen dahinter .
Es handelt sich um Sebastian Paradis , Bernd Maas , Christian Poll und Gerhard Dürrbaum .

Quasi als Bonbon hat sich das Team Bernard Dietz als sportlichen Berater ins Boot geholt .
(Hier sei angemerkt , B.Dietz würde auch jedem anderen Team mit Rat und Tat zur Seite stehen , so es denn erwünscht sei .)
Auch wenn die zukünftige Herangehensweise und Ausrichtung des Vereins erst mal nur Stichpunktartig dargestellt wurde , klingt das ganze gar nicht mal so schlecht .
Was am Ende dabei raus kommt oder entsteht , werden wir alle nach der Wahl des Vorstandes Ende Juli sehen .
Alleine schon das „sehen" der Ehemaligen (wie Dietz) , finde ich den richtigen Weg . Das wurde in den letzten Jahren (leider) anders gehandhabt . Denke B.Dietz ist zu 200 % ein MSVler und hängt mit ganzem Herzen am Verein .
Alle Bereiche des Vereins sollen durchleuchtet werden .
Weitere Punkte sind der intensivere Austausch mit Fans und Mitgliedern über deren Bedürfnisse und auch der Ausbau des Fanartikelsortiments .
Außerdem möchte man den MSV „sichtbarer" machen .
Das Beste daran , bei der Neuwahl gibt es eine Auswahl denn es hat sich ja zumindest ein weiteres Team im Hintergrund gebildet . Sollten sich die Mannen um Ingo Wald ebenfalls entschließen erneut zur Wahl anzutreten , gäbe es sogar drei Kandidaten !
Wann hat es dann beim MSV mal gegeben ?

Personell hat sich auch heute wieder was getan .
Tobias Fleckstein , seit 2020 ein Zebra , hat seinen Vertrag verlängert . Damit bleibt der 25jährige Innenverteidiger zumindest ein weiters Jahr ein Meidericher Jung.

11.06.2024 : Heute hat sich dann auch das andere Team unter dem Namen „MSV-Zukunft" der Öffentlichkeit vorgestellt . Es besteht aus Thomas Maaßen , Kai-Uwe

Otto , Jörg Dahms und Andreas Tappe .
Eines der Ziele neben dem ebenfalls „sichtbarer" machen des Vereins , ist eine Mitgliederzahl von 20.000 anzustreben , der Austausch mit den Anhängern und ein größeres Augenmerk auf die Öffentlichkeitsarbeit zu legen .

Derweil hat der MSV die nächste Neuverpflichtung bekannt gegeben . Von BFC Dynamo aus der Regionalliga Nordost wechselt der 24jährige **Patrick Sussek** an die Wedau . Einsetzbar als Linksaußen , Rechtsaußen oder im offensiven Mittelfeld .
Damit stehen zur Zeit bereits 14 Spieler unter Vertrag .

12.06.2024 : Fast schon unheimlich oder fast schon unheimlich normal ? Auch heute wurde wieder ein Neuzugang präsentiert , den zehnten Tag in Folge !
Von Eintracht Frankfurt II wechselt der 23jährige offensive Mittelfeldspieler **Jakob Bookjans** in den Pott .
Alternativ kann er auch Links- bzw. Rechtsaußen spielen .
Er kommt mit der Empfehlung von 29 Spielen , 9 Toren und 7 Vorlagen in der abgelaufenen Saison der Regional-liga Südwest .

13.06.2024 : Heute hat sich ein weiteres Team unter dem Namen „Team 1902" an die Öffentlichkeit gewandt .
Erstmal ohne Namen dahinter. Diese sollen später folgen, nachdem die Unterlagen zur Wahl eingereicht und bestätigt worden sind .
Ein paar Stunden später kursieren dann doch erste Namen in den sozialen Netzwerken . Dennis Baaten und Christian Stiefelhagen werden als zwei der Kandidaten genannt .

Damit steigt die Anzahl der Teams um die Wahl zum Präsidenten auf vier .

Stand heute (13.06.2024) der Teams zur Vorstandswahl :

1. Team Ingo Wald ?
2. Zebras.Wir.Zusammen!
3. MSV-Zukunft
4. Team 1902

Natürlich auch heute wieder eine weitere Spielerpersonalie und zwar eine , die mich ganz besonders freut .
Jonas Michelbrink bleibt ein Zebra . Einer der wenigen aus dem alten Kader , die ich persönlich gerne weiter hier sehen wollte .
Vielleicht gelingt es jetzt noch einen Robin Müller zu halten . Fand den Jungen in den wenigen Einsätzen die er letzte Saison hatte richtig gut . Pfeilschnell und gute Anlagen . Etwas mehr Torgefahr wäre wünschenswert , aber daran kann man arbeiten . Für die Regionalliga meiner Meinung nach auf jeden Fall eine gute Alternative.

14.06.2024 : Der nächste Zugang bei den Zebras .
Es ist der 26jährige defensive Mittelfeldspieler **Florian Egerer** und kommt vom VfB Lübeck . Er kann auch im zentralen Mittelfeld oder alternativ als Innenverteidiger spielen .

15.06.2024 : Aus Aachen kommt **Franko Uzelac** nach Duisburg . Der erfahrene Innenverteidiger ist 29 Jahre alt und kommt mit der Empfehlung von knapp 250 Spielen in den Regionalligen West , Nord und Nordost , sowie sechs Dritt- und einem Zweitligaspiel .

16.06.2024 : Ein alter Bekannter kehrt an die Westender Straße zurück . Der 31jährige Mittelstürmer **Gerrit Wegkamp** wechselt von Preußen Münster an die Wedau .
Bereits 2014 stürmte die damalige Leihgabe von Fort. Düsseldorf in der Rückrunde für den MSV . Allerdings konnte er seinerzeit in 15 Einsätzen (832 Minuten) in der 3.Liga und 2 Spielen (171 Minuten) im Niederrheinpokal keinen Treffer erzielen . Hoffen wir nun auf eine erfolgreichere Zeit in Zebrastreifen .

17.06.2024 : Gerade als ich diese Zeilen niederschreibe , läuft an der Westender Straße das erste Training unserer Zebras . Ich stöbere in den sozialen Netzwerken . Ein paar Bilder , ein paar Videos . Von 400 Zuschauern wird berichtet . Aufbruchstimmung beim MSV . Auch der Dauerkartenverkauf läuft sehr gut . Es sind fast doppelt so viele (2705) abgesetzt worden , als zum gleichen Zeitpunkt der letzten Saison (1435) .
Derweil haben wir auch einen zweiten Torwart dazu bekommen . Vom FC Carl Zeiss Jena wechselt der 32jährige **Kevin Kunze** zum MSV und bringt jede Menge Erfahrung mit .

18.06.2024 : Die Trainingseinheiten Nummer zwei und drei sind absolviert , da präsentiert der MSV einen weiteren Stürmer . Vom VfL Osnabrück kommt der 21 Jahre alte **Jannik Zahmel** . Letzte Saison an den Nord Regionalligisten Blau-Weiß Lohne ausgeliehen , konnte der Linksaußen in 24 Spielen , 10 Treffer markieren und 5 weitere vorbereiten . Seine weiteren Positionen können alternativ Rechtsaußen oder Mittelstürmer sein .

19.06.2024 : Beben an der Westender Straße . Der MSV hat sich mit sofortiger Wirkung von Ausrüster Capelli getrennt ! Der Grund : Ausstehende Zahlungen seitens des Ausrüsters .
134

_20.06.2024_ : Es hat den Anschein , als bliebe diesen Sommer kein Stein auf dem anderen !
Einen Tag nach dem Capelli Aus , präsentiert der MSV den neuen Ausrüster für die nächsten vier ! Spielzeiten , ligenunabhängig : **adidas** . Weiterer Partner wird 11teamsports .

_21.06.2024_ : Heute hat sich dann auch Capelli zu Wort gemeldet und die Anschuldigen seitens des MSV vehement zurück gewiesen . Irgendwie logisch , jetzt möchten beide ihre Sichtweisen darlegen .
Mal sehen wie das ausgeht …

Die nächste gute Nachricht lässt hingegen nicht auf sich warten : Schauinsland Reisen bleibt auch in der kommenden Saison Namensgeber der Arena .

_23.06.2024_ : 3.145 Dauerkarten sind verkauft !
Die letzten beiden Tage waren nun etwas ruhiger . Verständlich angesichts der letzten Wochen . Die Vorbereitung läuft , der Kader ist soweit zusammen .

Zeit für mich in Sachen IW ein wenig zurück zu rudern .
Während der letzten Saison war ich für einen Neuaufbau in allen Ebenen des Vereins , inklusive Vorstand . Allein an der Aussage des Aufstiegs 2025 gemessen und die zahlreichen bereits genannten und bekannten Fehler der letzten Jahre . Heute stellt sich das ganze für mich etwas anders dar .
Die Verpflichtung von Michael Preetz als Geschäftsführer , der aktuelle Kader des MSV , die Außendarstellung ist deutlich offener und sympathischer geworden , seit Christian Koke an Bord ist .

135

Das alles ist unter Ingo Wald passiert .
Daraus ergeben sich nun zwei Möglichkeiten der Inter-
pretation :

1. IW hat aus Fehlern gelernt , lässt andere jetzt
   machen. Fehler darf jeder machen , so lange man
   daraus lernt . Dies ist hier offensichtlich der Fall .
2. IW tritt gar nicht mehr zur Wahl an und läßt die
   anderen gewähren .

So oder so , auch alle anderen Teams die sich zur Wahl
stellen haben ihre Stärken und Schwächen .

Man wird sehen ….

In zwei Tagen steht außerdem der erste Test beim SV
Sonsbeck auf dem Programm .

26.06.2024 : Nun liege ich bequem im Bett und schaue
mir auf YouTube von Fupa das erste Spiel des MSV als
Regionalligist im Testspiel beim SV Sonsbeck an .
Das alles ist schon irgendwie komisch , wirkt unwirklich ,
ist aber Realität . Die Kameraperspektive seltsam
vertraut . So sieht man die Spiele hier im Umkreis auf
irgendwelchen Sportplätzen .
Die erste Elf des MSV : Braune , Montag , Fleckstein ,
Michelbrink , Boutakhrit , Wegkamp , Göckan , Meuer ,
Egerer , Hahn .
Übrigens , das erste Tor für den Regionalligisten erzielt
Gerrit Wegkamp in der zehnten Spielminute nach Vorar-
beit von Göckan . Insgesamt ein munterer Kick mit vielen
guten Aktionen . Endlich wieder Spielfreude , wenn auch
gegen einen Oberligisten , der obendrauf noch personelle
Probleme hat . Sei es drum , Endergebnis 7:1 .
Tore : Wegkamp (2) , Meuer , Coskun , Uzelak , Fakhro
und Fleckstein .

136

28.06.2024 : 3.539 Dauerkarten , in Worten : Dreitausendfünfhundertundneununddreißig Dauerkarten sind verkauft ! Wahnsinn !

Am Sonntag den 30.06. geht es dann für den MSV ins Trainingslager ins niederländische Epe .

Mit von der Partie sind die drei U-19 Spieler : Fotios Adamidis , Gabriel Sadlek und Titus Croonen , sowie alle Spieler außer Jannik Zahmel , der ein individuelles Training in Duisburg absolvieren wird .

29.06.2024 : Ein weiteres Ereignis rund um den MSV steht in den Startlöchern . Zum dreißigsten mal jährt sich das Erscheinen des Duisburg Liedes . Vom 07.07. bis 31.08.2024 gibt es deshalb eine Ausstellung in der cubus Kunsthalle in Duisburg . Die Initiatoren sind u.a. Dagmar Horn , Jörg Winke und Ditmar Schädel . Die Öffnungszeiten sind Mi.-So. Von 14-18 Uhr , der Eintritt ist freiwillig . Die Bilder , die vor der Ausstellung in den Medien kursieren und das dazu abgespielte Duisburg Lied , wecken so viele Erinnerungen und Emotionen in mir , unvorstellbar . Ich bekomme immer noch Hühnerfell oder Gänsepelle . Das ist wirklich schon 30 Jahre alt ?

30.06.2024 : Der Troß des MSV ist in Wissel/Niederlande im Trainingslager angekommen . Hier verweilt die Mannschaft bis zum 06.Juli , inklusiver zweier Testspiele und natürlich jede Menge Trainingseinheiten .

Nicht dabei ist neben Jannik Zahmel auch Gerrit Wegkamp , der wegen muskulärer Probleme weiter in Duisburg trainiert .

Neu an Bord ist Athletik-Coach Thomas Klimmeck (53).

01.07.2024 : Der zweite Tag im Trainingslager ist Geschichte . Joshua Bitter ist zurück nach Duisburg gefahren , arbeitet ab morgen in der Vita an seinem

Comeback und stößt am Freitag wieder zur Mannschaft .

Stand Dauerkarten : 3.865 ! und damit bereits zwölf mehr , als es am Ende der letzten Saison insgesamt waren ! Tja , auf die Fans ist eben Verlaß .

02.07.2024 : Als erstes ,noch vor dem Heimtrikot, stellen die Zebras in einem lustigen Video das Ausweichtrikot für die Saison 2024/25 vor . In Orange gehalten , mit klassischem Logo und weißen Sponsorendruck (trinkgut) zeigt das Video den Tanz der niederländischen Fans , „Naar links!Naar rechts! " und dazwischen Einblendungen der MSV-Spieler die mitschunkeln in neuen orangenen Trikots . Wieder eine klasse PR-Aktion .

03.07.2024 : Der vierte Tag im Trainingslager beginnt mit einer knackigen Einheit . Am Nachmittag spielen die Zebras gegen den schottischen Erstligisten Hibernian Edinburgh und unterliegen knapp mit 0:1 .
Beobachter und später Coach Hirsch berichten von einer ansprechenden , engagierten Leistung des Spielvereins , gegen bisweilen ruppig auftretende Schotten . Während diese in der Halbzeit komplett durchwechselten und frische Kräfte brachten , waren es auf Duisburger Seite nur deren sechs . Kurz vor Ende kamen nochmal zwei dazu , zwei U-19 Spieler bekamen Spielpraxis .
Insgesamt spricht Hirsch von einer tollen Moral in der Truppe , da wächst wohl was zusammen . Auch die mitgereisten U-19 Spieler wurden nahtlos integriert . Alle sind mit Feuereifer bei der Sache .

04.07.2024 : Noch warte ich auf Neuigkeiten von unseren Jungs vom heutigen Tage . Also habe ich die Zeit genutzt und bin mal wieder einem meiner Hobbies nachgegangen und habe das neue Ausweichtrikot für die Saison 2024/25 als Tipp-Kick Figur umgesetzt .
138

Ausweichtrikot 2024/25 als Tipp-Kick Figur (orange)

Erst spät am Abend kommt der Bericht vom Tag .
Morgens fand eine Trainingseinheit statt , kleinere Blessuren wurden kuriert (von 1902 blauen Flecken ist die Rede , ob der harten Gangart der Schotten gestern),
Boutakhrit hatte Probleme mit der Schulter , aber Teamarzt Dr. Peter Kaup und die Physios Norman Marx und Will aan den Boom hatten alles im Griff .
Der freie Nachmittag wurde von der Mannschaft unterschiedlich genutzt , einige erkundeten Amsterdam und Zwolle , andere spielten Minigolf oder entspannten in der Hotelanlage .
Morgen finden die Trainingseinheiten um 10.00 Uhr und 15.30 Uhr statt , um 18.00 Uhr wird das Viertelfinalspiel der DFB-Elf gegen Spanien geguckt und anschließend findet ein Mannschaftsabend statt .

_05.07.2024_ : Im Laufe des Tages taucht in den sozialen Netzwerken ein Foto mit der zweiten Variante des Ausweichtrikot für die kommende Saison auf . Es ist ganz in dunkelblau gehalten , diesmal mit dem bekannten , farbigen Trinkgut Schriftzug .

Randbemerkung : Deutschland scheidet bei der Heim-EM mit 1:2 nach Verlängerung gegen Spanien im Viertelfinale aus .

Die letzten beiden Trainingseinheiten sind absolviert , das Trainingslager damit beendet . Am Mittag stießen die angeschlagenen Joshua Bitter , Gerrit Wegkamp und Jannik Zahmel zur Mannschaft .
Morgen steht vor der Rückreise noch um 13.00 Uhr das Testspiel gegen den FC Volendam auf dem Programm .

06.06.2024 : Die Zebras trennen sich im Testspiel gegen den FC Volendam bei zum Teil widrigen Windverhältnissen 0:0 . Damit steht in der Vorbereitung zum ersten mal die Null . Ein beachtliches Ergebnis gegen den niederländischen Verein , der letzte Saison noch in der Eredivisie gespielt hat und als Tabellen 17. in die Erste Divisie abgestiegen ist .
Zahlreiche neue Erkenntnisse dürfte Trainer Dietmar Hirsch damit im Gepäck für die Rückreise nach Duisburg haben .
Ob schon einige Stammplätze vergeben sind ?
Später äußert sich DH noch in einem Interview und zeigt sich zufrieden mit dem Trainingslager , dem Teambuilding und spricht von weiteren zwei bis drei Zugängen , die noch kommen sollen . Einmal auf Grund der U23 Regel , aber auch noch eine „echte" Verstärkung soll kommen .
Allerdings sollen auch die U23 Spieler Verstärkungen sein und nicht allein wegen der Regel kommen .
Jetzt gibt es erst mal zwei Trainingsfreie Tage , ehe es am 09.07. mit zwei Einheiten weiter geht und am 10.07. das nächste Testspiel gegen Preußen Münster auf dem Programm steht .
140

Ausweichtrikot 2024/25 als Tipp Kick Figur (dunkelblau)

Auch die zweite Variante des Ausweichtrikot für die neue Saison als Tipp Kick Figur ist fertig . Durch den Wechsel von Capelli zu adidas läßt das neue Heimtrikot allerdings noch auf sich warten . Dafür bekommen wir ein für den MSV individuell hergestelltes Trikot und nicht wie von vielen vermutet eins von der Stange . Man darf gespannt sein .

Irgendwie schließt sich nun der Kreis .
Früher haben wir vom Campingplatz am Wisseler See bei Kalkar öfter Ausflüge in die Niederlande unternommen .
Mal ging es nach Venlo , mal nach Scheveningen an die Nordsee . Der MSV ist gestern aus dem einwöchigen Trainingslager in Wissel / Niederlande nach Duisburg zurück gekehrt .
Es ist Sonntag , an einem Sonntag wurde ich geboren .
Am 07.07.1974 , auf den Tag genau vor 50 Jahren , fand das WM-Endspiel zwischen Deutschland und der Niederlande in München statt . Natürlich an einem Sonntag .
In diesem Sommer begann , rund um die WM , aus dem Interesse am MSV , Begeisterung zu werden , für den geilsten Club der Welt .

Seit nunmehr 50 Jahren , mit allen Höhen und Tiefen , lebe und leide ich mit dem MSV Duisburg .
Das wird immer so sein !
Ich beende hier meine Reise durch die letzten 50 Jahre .
Fortsetzung offen ...

Alles ist angerichtet , ein neues Kapitel MSV-Geschichte zu schreiben . Abschließend möchte ich allen Beteiligten beim MSV einfach noch einmal viel Glück und Erfolg wünschen und das sich ab jetzt alles zum Guten wendet . Die Vorarbeit auf die anstehende Saison war jedenfalls aufregend und bis hier meiner Meinung nach erfolgreich . Jetzt heißt es die Außerordentliche JHV abzuwarten , sehen ob und was sich im Vorstand verändert , eine schlagkräftige Truppe zu formen und schnellstmöglich die Rückkehr in die 3.Liga zu vollziehen . Vielleicht klappt es ja doch mit dem versprochenen Aufstieg in 2025 .

Ich habe jedenfalls richtig Bock !

Kader MSV Duisburg Saison 2024/25

Tor
Maximilian Braune (1/Rückennummer)
Kevin Kunz (22)
Abwehr
Batuhan Yavuz (32)
Alexander Hahn (42)
Moritz Montag (2)
Can Coskun (27)
Mert Göckan (17)
Joshua Bitter (29)
Tobias Fleckstein (5)
Franko Uzelac (6)
Mittelfeld
Jan-Simon Symalla (23)
Leon Müller (19)
Jakob Bookjans (7)
Jonas Michelbrink (8)
Florian Egerer (28)
Jesse Tugbenyo (33)

Sturm
Jihad Boutakhrit (11)
Malek Fakhro (9)
Steffen Meuer (18)
Patrick Sussek (37)
Gerrit Wegkamp (13)
Jannik Zahmel (21)
Luis Hartwig (14)

(Wer möchte , kann den Kader hier noch handschriftlich vervollständigen)

Saisonvorbereitung 2024/25

17.06.2024   : Trainingsauftakt 10.00 Uhr an der Westender Straße

26.06.2024   : Testspiel beim SV Sonsbeck 19.00 Uhr **(7:1)**

30.06.-06.07.2024 : Trainingslager in Wissel (Niederlande)

03.07.2024   : Testspiel gegen Hibernian Edinburgh (ohne Zuschauer) **(0:1)**

06.07.2024   : Testspiel gegen FC Volendam (ohne Zuschauer) **(0:0)**

10.07.2024   : Testspiel gegen Preußen Münster (ohne Zuschauer) **(0:3)**

13.07.2024   : Testspiel beim Bonner SC 14.00 Uhr **(1:1)**

17.07.2024   : Testspiel gegen DSV 1900 Duisburg Westender Straße 19.00 Uhr **(8:0)**

20.07.2024   : Testspiel in Homberg gegen Notts County 14.00 Uhr **(3:1)**

21.07.2024   : Familientag an der Westender Straße

23.07.2024   : Außerordentliche JHV in der Schauinsland-Reisen-Arena   18.00 Uhr

26.-28.07.2024   : Saisonstart Regionalliga West

Spielplan MSV Duisburg - Regionalliga West
Saison 2024/25

Hinrunde

01.	FC Gütersloh	-	MSV Duisburg	0:1
02.	MSV Duisburg	-	Türkspor Dortmund	:
03.	RW Oberhausen	-	MSV Duisburg	:
04.	MSV Duisburg	-	Eintr. Hohkeppel	:
05.	SC Paderborn II	-	MSV Duisburg	:
06.	MSV Duisburg	-	Fort. Düsseldorf II	:
07.	Fort. Köln	-	MSV Duisburg	:
08.	MSV Duisburg	-	SC Wiedenbrück	:
09.	FC Schalke 04 II	-	MSV Duisburg	:
10.	MSV Duisburg	-	SV Rödinghausen	:
11.	1.FC Bocholt	-	MSV Duisburg	:
12.	MSV Duisburg	-	FC Düren	:
13.	1.FC Köln II	-	MSV Duisburg	:
14.	MSV Duisburg	-	Bor. M´gladbach II	:
15.	Wuppertaler SV	-	MSV Dulsburg	:
16.	KFC Uerdingen	-	MSV Duisburg	:
17.	MSV Duisburg	-	Sportfreunde Lotte	:

Rückrunde

18.	MSV Duisburg	-	FC Gütersloh	:
19.	Türkspor Dortmund	-	MSV Duisburg	:
20.	MSV Duisburg	-	RW Oberhausen	:
21.	Eintr. Hohkeppel	-	MSV Duisburg	:
22.	MSV Duisburg	-	SC Paderborn II	:
23.	Fort. Düsseldorf II	-	MSV Duisburg	:
24.	MSV Duisburg	-	Fort. Köln	:
25.	SC Wiedenbrück	-	MSV Duisburg	:
26.	MSV Duisburg	-	FC Schalke 04 II	:
27.	SV Rödinghausen	-	MSV Duisburg	:
28.	MSV Duisburg	-	1.FC Bocholt	:
29.	FC Düren	-	MSV Duisburg	:
30.	MSV Duisburg	-	1.FC Köln II	:
31.	Bor. M´gladbach	-	MSV Duisburg	:
32.	MSV Duisburg	-	Wuppertaler SV	:
33.	MSV Duisburg	-	KFC Uerdingen	:
34.	Sportfreunde Lotte	-	MSV Duisburg	:

(Ergebnisse zum selbst eintragen)

____. **MSV Duisburg** : **Tore** **Punkte**

Bleibt mir zum Schluß noch ein paar Worte an diejenigen zu richten , die Ihre Zeit für mein Herzensprojekt opferten .

Speziell bei meiner Frau Katja , meinen Kindern Chiara und Finn , sowie bei Volker Baumann .

Ich möchte mich bei Euch bedanken für Eure Geduld , Inspiration , Lob und Tadel , das viele Korrektur lesen und Eure unermüdliche Unterstützung .

Ohne **Euch** wäre dieses Projekt nicht das , was es nun letztendlich geworden ist !

DANKE .

Impressum

Bibliografische Information der Deutschen Nationalbibliothek: Die Deutsche Nationalbibliothek verzeichnet diese Publikation in der Deutschen Nationalbibliografie; detaillierte bibliografische Daten sind im Internet über dnb.dnb.de abrufbar.

Verlag: BoD · Books on Demand GmbH, In de Tarpen 42, 22848 Norderstedt

Druck: Libri Plureos GmbH, Friedensallee 273, 22763 Hamburg

ISBN : 978-3-7597-9347-8